ALL韓国コスメでつくる

韓国メイクの秘密

ヘアメイクアップアーティスト George

主婦の友社

PROLOGUE

はじめに

たとえ生まれつき目がパッチリしていなくても、顔が小さくなくても、誰でも、いくらでも、可愛さやキレイを底上げできるパワーが韓国メイクにはあります。しかも、まぶたにのせるキラッと輝くラメや唇をぷっくり見せるツヤや美しい色が気分をアゲてくれるから、毎日のメイクが、〝しなければならないルーティン〟から、〝ワクワクする楽しいこと〟になる！ そんな韓国メイクのおもしろさをひとりでも多くの人に知ってほしくて、今回、この本を作りました。

スキンケアからベースメイク、カラーメイクまで、さまざまな韓国ならではのテクニックの中から、なるべく簡単にまねできて、しかも、しっかり盛れるものだけをピックアップ。若い人たちだけでなく、大人が挑戦してもイタくならずにキレイになれるところもポイントです。

この本の中では、スタンダードな〝ソウル女子〟のスキンケアやメイクに加え、今、韓

国で話題のソンスドン、ウルチロ、アックジョン、ホンデ、ハンナムドンといった５つの都市のメイクも紹介しています。韓国を訪れるたび、そしてコロナ禍で渡韓することができなかったここ数年はＳＮＳなどをチェックするたび、街ごとにカルチャーやムードがかなり違ってきていて、さらにそこにいる女の子たちの可愛さの種類も違っていることに気づいたのが、都市別メイクを紹介しようと思ったきっかけです。この本を読んでくださったかたが、旅行でそれらの街を訪れるとき、その街のムードに合ったメイクをしたならば、もっともっと楽しめると思います。また、たとえ現地に行けなくても、そのメイクをすることで旅のワクワク感を味わってもらえたらうれしい。

　さらに、私が仕事やプライベートで愛用している韓国コスメもたっぷり紹介しています。永遠の定番から最新アイテムまで、私が自信を持っておすすめできる珠玉のセレクション（笑）。読者の皆さまに韓国コスメとメイクの素晴らしさを伝えることができたら、とても幸せです。

ヘアメイクアップアーティスト
George

BEFORE

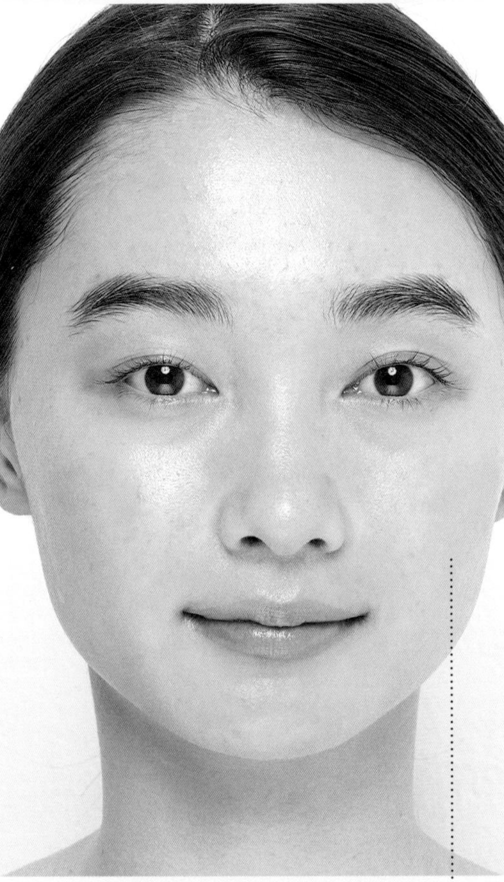

スキンケアのみ

唇がこんなにきわ立つ!

AFTER

Eyebrow

知的な美女オーラを放つ
やや上がりぎみの平行眉

Eye

マスカラとアイライナーで
目の縦幅と横幅を拡張!

Cheek

ソフトマットなピンクで
ふんわり幸福そうな肌に

Lip

色っぽい唇を演出する
丸みを帯びたフォルム

すっぴんとメイク後を徹底比較

韓国メイクなら眉、目元、

可愛い、キレイ、おしゃれ。
なりたいムードをまとえるのも
韓国メイクの魅力のひとつ

キレイになることで気分が上向く。
メイクがもたらすそんな感覚を
この本を読んでくれたみんなに、
味わってほしい

CONTENTS

Chapter

透き通る肌、印象的な目元、ぷっくり唇をかなえる!

2 韓国美人顔には欠かせない おすすめコスメ図鑑

Chapter

毛穴も揺らぎも乾燥も、すべておまかせ

3 韓国美女の美肌に近づける! 最強のスキンケアアイテム

CONTENTS

Chapter 4

韓国で今、ホットなエリアの美を再現!

エリア別 なりきりMAKE&HAIR

Chapter 5
ヘア、ボディ、そして内面からも……
韓国美に近づける ツール&アイテム図鑑

世界の美容好き&メイク好きさんたちが注目しているのが、

ソウル女子のメイク。

ガチガチに強いメイクではないのに目はぱっちりと大きく、

唇はぷるんとボリューミィ。

肌もつるんとなめらかで、フェイスラインはすっきり。

この章では、そんな憧れのソウル美人メイクを、

スキンケアからベースメイク、そしてカラーメイクまで

完全実況中継していきます!

Chapter 1

端正で上品、ナチュラルなのに盛れるのが韓国美人！

王道ソウル女子FACE

完全プロセス

ソウルメイクの特徴って……?

端正で品があるのに色っぽい
素材の美しさを見せつけるメイク

最近のソウルメイクは、色やキラキラでそこまで盛らないため、
一見ナチュラルに見えます。ただし、すっぴん風メイクとはひと味違い、
丁寧につくり込むことでメイク感が出すぎないように仕上げているのが特徴。
肌は薄膜を重ねて毛穴レスに仕上げ、目元はコーラル系シャドウ、
アイライナー、マスカラを駆使して目幅を拡張。
端正で品があり、しかも色気もある。そんな女子になれるのが、ソウルメイクなのです。

☑ 肌になじむ淡い色で
ナチュラルに目幅を拡張

☑ 色ムラゼロで毛穴レス。
素肌がキレイと思わせる!

What's ソウル女子FACE?

“Vフェイス”と呼ばれるすっきりとしたフェイスライン、
縦幅も横幅も拡張したぱっちりとした目元、そしてふっくらとした唇。
媚びてないけど100%モテる。
濃くないけどちゃんと盛れる。これがソウル女子FACEの特徴！

Face

横顔にうっとり♡
シャープに引き締まったフェイスライン

Eye

タテもヨコも!
全方位に目幅を拡張したぱっちりアイ

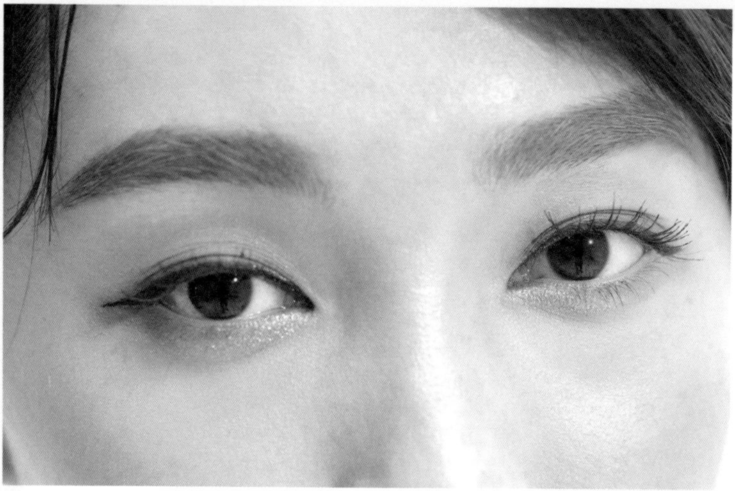

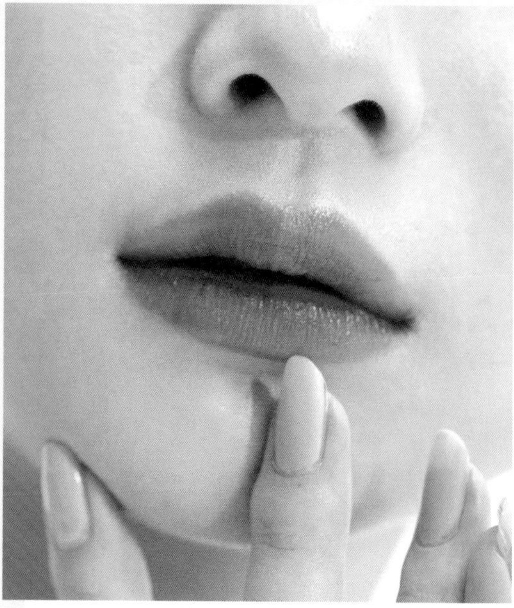

Lip

丁寧につくり込まれた
端正なふっくらリップ

つくるスキンケア完全プロセス

させるほうがベースメイクの完成度は上がります。ツヤとうるおいを仕込む6ステップはこちら！

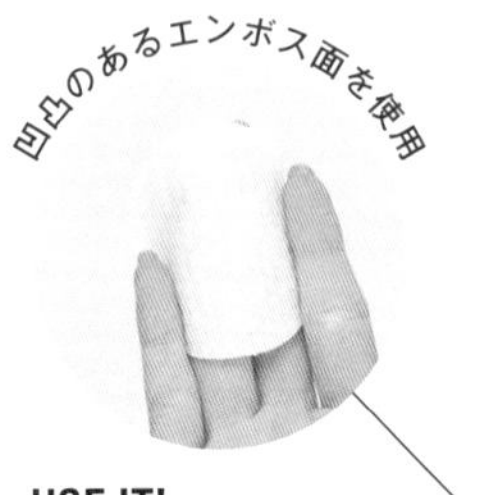

USE IT!

Abib ドクダミスポットパッドカーミングタッチ（P.60）

1

トナーパッドで角質オフ

スキンケアの最初に、角質ケア系のトナーパッドでふきとりケア。肌をなめらかに整えることで、ベースメイクを美しく。

USE IT!

軽いテクスチャーでメイク前に最適。ガラクトミセス、ナイアシンアミドを配合。ガラクナイアシン2.0エッセンス 50ml 2,900円／魔女工場

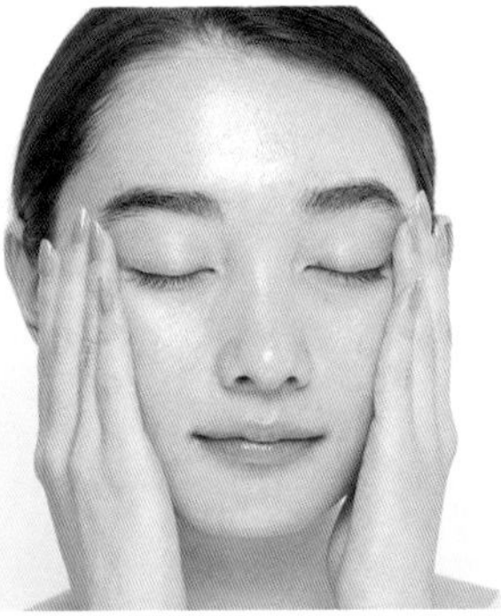

2

導入美容液をなじませる

あとに続くスキンケアの入りをよくするため、導入美容液を全顔に。なじませたら、手のひらでしっかりハンドプレスを。

USE IT!

シカ成分配合の低刺激ミスト。肌が不安定でも安心して使える。シカエキスパートミストトナー 150ml 3,049円／ISOI 公式ショップ Qoo10店

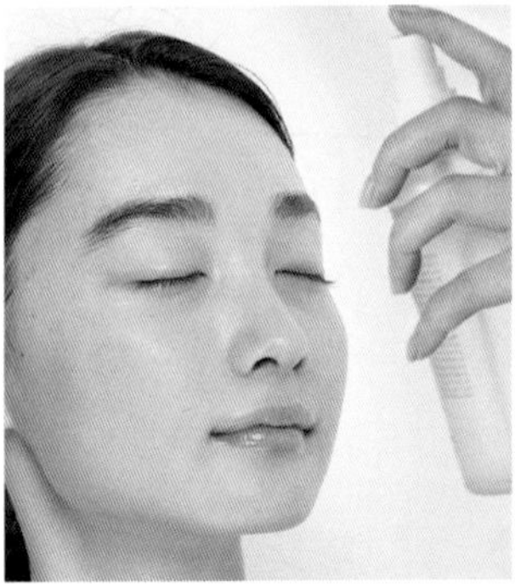

3

ミストで軽く保湿する

この工程あとすぐ、シートマスクで保湿するので、ミストでの保湿は軽くでOK。顔から20㎝ほど離して全体にシュッ！

メイクのもちも
完成度も爆上がり

ソウル女子FACEを

ファンデを厚くするより、メイク前のスキンケアを充実

4

シートマスク で
キメを整える

沈静と保湿ができるシートマスクをここで投入。気になる赤みをケアしつつ肌に水分を入れ込んでキメを整える。

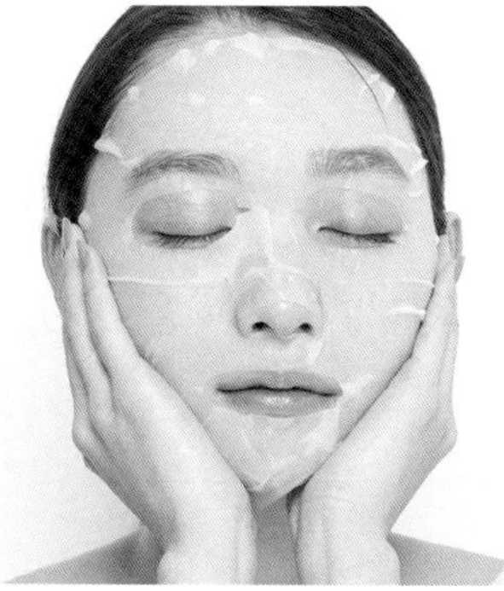

USE IT!

復活草エキスでモチモチに。ラスト ミニット スキン レスキュー復活草マスク 30枚 2,500円／ドクターエルシア

5

アンプル美容液 で
弾力アップ!

顔全体にアンプル美容液を薄～く広げる。これまでのステップでしっかり保湿した肌に、ぷるっとした弾力を。

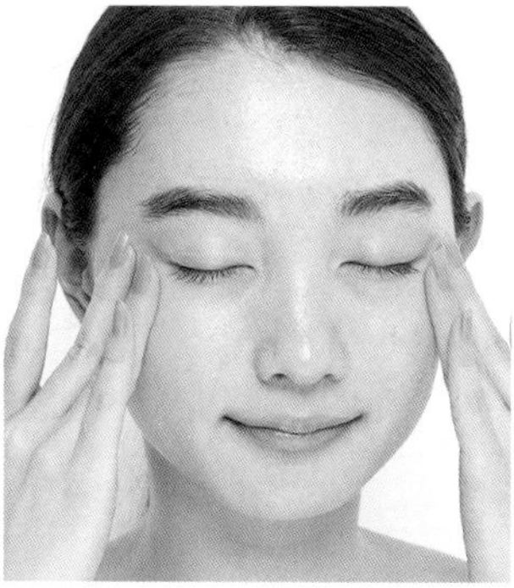

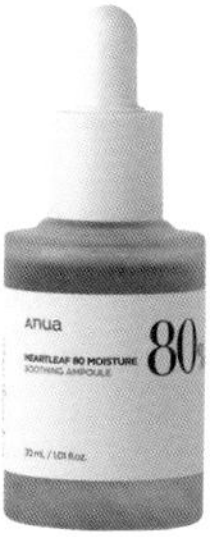

USE IT!

モチモチするのにテカりにくくメイク前に◎。ドクダミ80% スージングアンプル 30ml 2,950円／Anua 公式Qoo10店

6

クリーム で
しっかりフタをする

肌に入れ込んだ水分や栄養分をクリームで密閉。メイクに響かないよう、少量を丁寧にのばしてハンドプレスを。

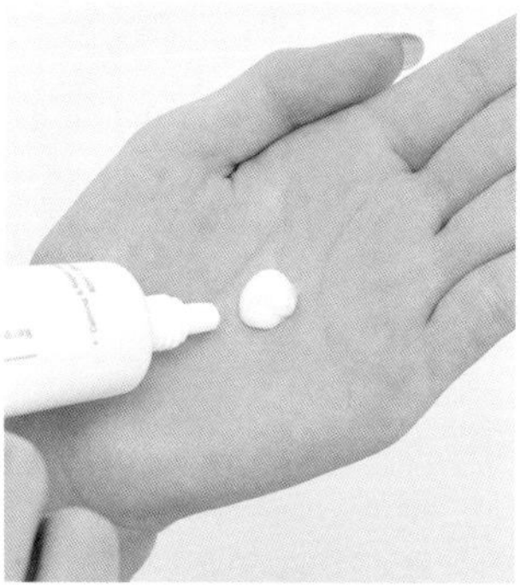

USE IT!

韓方薬の成分入り。のびがよくベタつかないテクスチャー。リペアゴールドライン 再生クリーム 40ml 4,800円／ロダム

BASE MAKE

ソウル女子肌＝凹凸レス……

プライマーのW使いで肌をつるんと整える

素肌そのものをキレイと思わせるつるんとした毛穴レス肌を２種類の下地で実現。
さらにファンデで薄膜セミマットに整えれば完璧！

\ 薄膜仕立てのすべさら肌が目標！ /

下地 1

毛穴を消して
フラットに

下地 2

首までしっかり
トーンアップ

クッションファンデ

セミマットに整える

使うアイテムは多いけど、すべてを薄く必要なところにだけのせるので、厚塗り感はゼロ。指ではなくブラシやスポンジで均等に整えて。

Primer 1

下地 1

1

毛穴が気になる部分に うるおい下地をポイント塗り

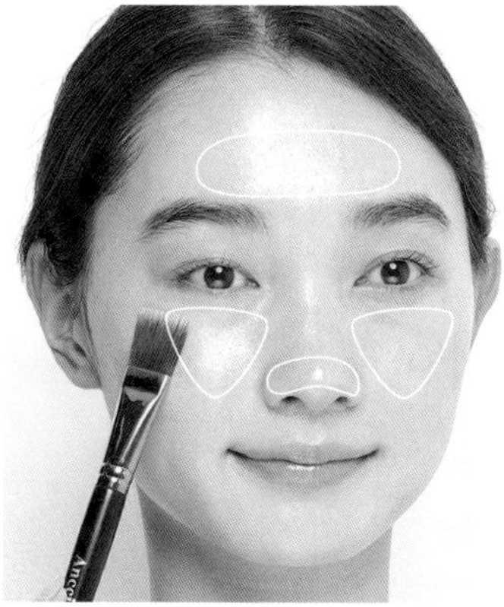

肌をうるおすことで毛穴をフラットに。ブラシでほお、額、小鼻まわりにうるおい下地をのせる。

USE IT!

右から、しっとりとした塗り心地。凹凸カバー効果も。スキンパラダイス ピュアモイスチャーサンローション SPF50+・PA++++ 35ml 3,972円／ディアダリア（私物）薄く均一に塗れる。Eve313 1,880円／アンシブラシ

Primer 2

下地 2

2

トーンアップ下地を 顔全体&首までオン

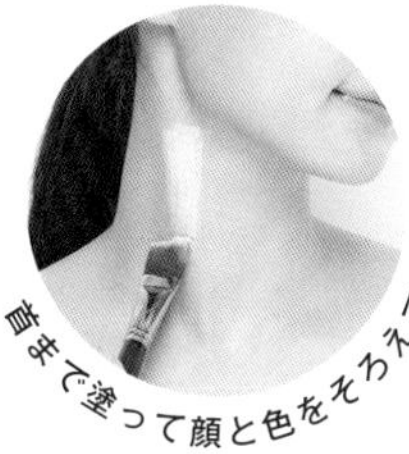

首まで塗って顔と色をそろえて

トーンアップ下地はブラシを滑らせながら塗ると均一&薄膜に。その後スポンジでたたく。

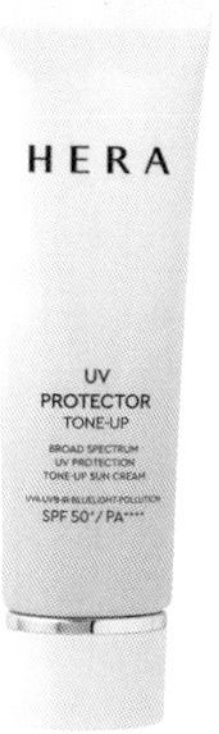

USE IT!

ほどよく肌をトーンアップさせつつ、血色も仕込める。UVプロテクター トーンアップ SPF50+・PA++++／HERA（私物）

Cushion foundation
クッションファンデ

4
クッションファンデをブラシ塗り

毛穴が気になる部分はブラシを立ててくるくる塗り。そこ以外は滑らせながら顔全体に。

USE IT!

右から、薄塗りでもきれいに仕上がる。ロングラスティングベルベットグロークッション SPF50+・PA+++ 3,828 円／ミルクタッチ（MILK TOUCH）　細かなパーツも繊細に塗れる。WHITEJADE Foundation Brush PIV01 2,800 円／スアドール「Okhee」シリーズ

Concealer
コンシーラー

3
目まわり、小鼻まわり、口角にコンシーラーを

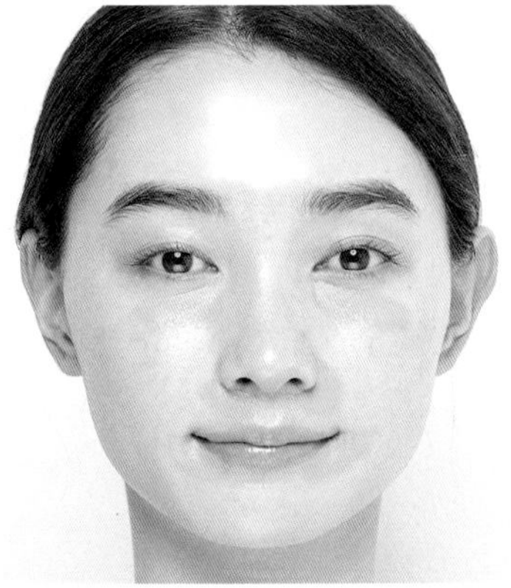

赤みやクマ、くすみが気になる部分にコンシーラーをのせ、スポンジでたたき整える。

しっかりたたいてなじませる

USE IT!

のせた瞬間に薄いフィルムを形成。軽やかなのに隠したい部分をしっかりカバーできる。スタジオコンシーラー 1.5 1,900 円／ザ セム（the SAEM あべのキューズモール店）

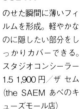

Powder
パウダー

5
付属のパフで押さえて密着力をアップ

クッションファンデ付属のパフで優しくオン。密着力が高まり、均一な仕上がりに。ニキビやニキビあとが気になる人は、このあとにブラシでコンシーラーをオン。

6
微粒子パウダーを顔から首までオン

パフにパウダーをとり軽くもみ込み、顔全体から首までオン。サラサラにしてメイクくずれを防止。

USE IT!

微細なパウダーですべすべに整える。肌に極薄のヴェールをかけたような仕上がり。ソフト フィニッシュ ルース パウダー 15g 60,000 ウォン／ HERA

ソウル女子のカラーメイクは

上品&女っぽい盛りで 美人度をアップ!

メイクを濃く見せず、まろやかなコーラルやピンクを丁寧に重ねることで
目をぱっちり、唇はぷっくり見せるのがソウル女子メイクの特徴。
さらにシェーディングとハイライトで美しい骨格もメイク！

Eye

☑ 眉は少しだけ角度をつけて
知的さをさりげなくアピール

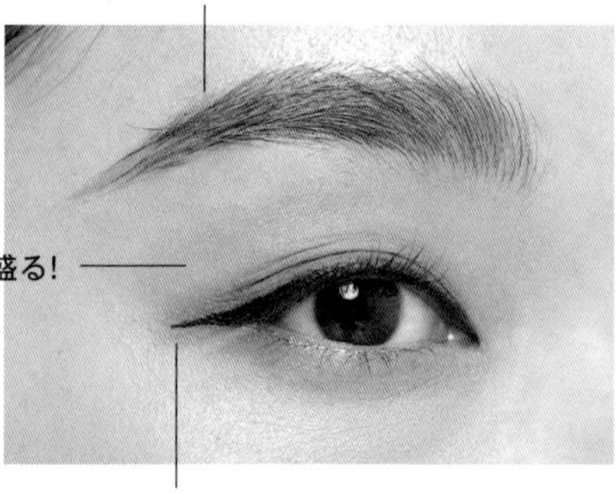

☑ コーラルピンクの
シャドウで上品に盛る!

☑ 繊細な細いアイラインで
魅惑的なまなざしに

Lip

☑ ほのツヤリップが
ソウル女子の
ネクストトレンド

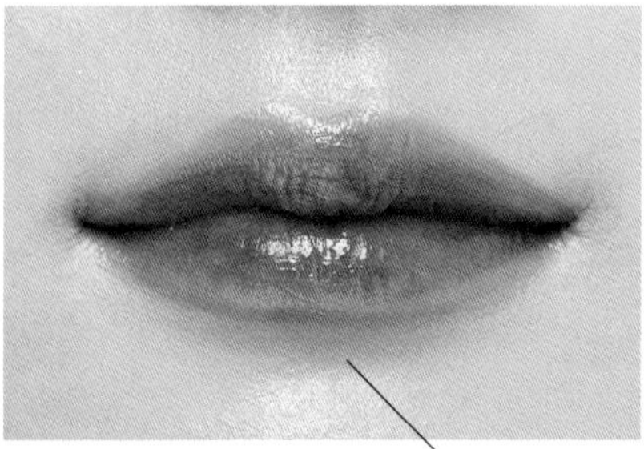

☑ 輪郭より少し大きめな
ふっくらリップで色っぽく

Shading
シェーディング

1
フェイスライン、鼻に シェーディング を仕込む

外側に
スポンジでのばす

スポンジで軽くたたいてなじませる。影色は広げすぎると肌色が濁って見えるので注意。

ペンタイプのシェーディングでこめかみからあご先にかけてと鼻筋の横、鼻先にラインを。

USE IT!

シェーディング×ハイライトの優秀アイテム。アイムマルチスティックデュアル 1,650円／アイムミミ（サン・スマイル）

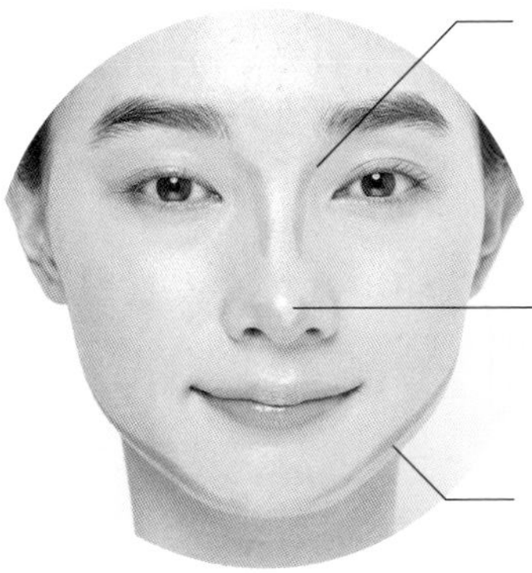
鼻横の影色ラインで
鼻根をほっそりと
鼻の頭に“V”の字に
影を入れてシュッと細く
前から見たときにあごが
“V”に見えるように

Eyebrow
アイブロウ

2
眉全体をブラシでとかし毛が足りない部分を［ペンシル］で描き足す

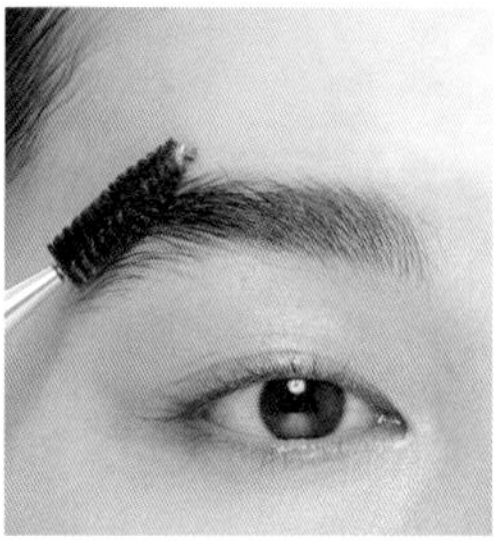

スクリューブラシで眉全体をとかして毛流れを整え、ペンシルで足りない部分に毛を描く。

3
［アイブロウマスカラ］で眉の色を均一にする

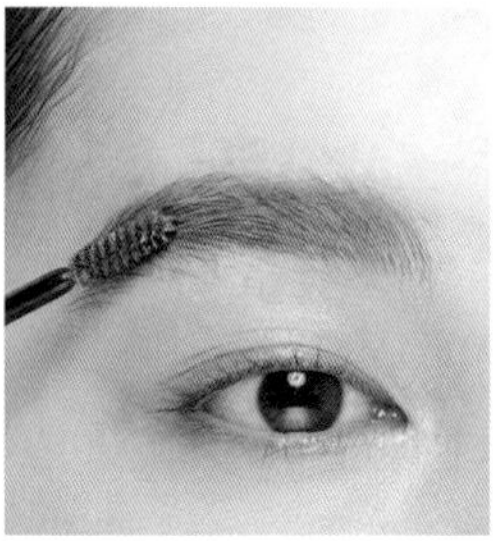

眉尻から眉頭へとブラシを動かしたあと、毛流れに沿ってオン。眉頭の毛は、上向きに整えて。

4
眉尻の上下を［コンシーラー］で整える

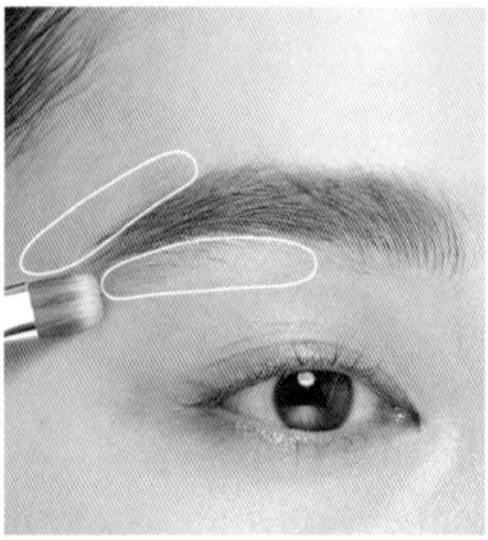

コンシーラーをブラシにとり、眉尻の上下にオン。眉尻のアウトラインがシャープに見える。

USE IT!

右から、みずみずしいテクスチャー。しかも密着力が高くヨレにくい。コンシールポット サーモン 1,950円／LUNA（AK BEAUTY OFFICIAL Qoo10店） 細かい部分のカバーにも使いやすいコンシーラー用ブラシ。Eve308 980円／アンシブラシ

USE IT!

眉一本一本にしっかり絡んで、均一な色に。落ちにくさも秀逸！ アイブロウ マスカラ 01／ABOUT TONE（私物）

USE IT!

右から、毛の密度が高く使いやすい。スクリューブラシ／hince（私物） 楕円形の芯でリアルな毛流れが描ける。皮脂、汗、こすれに強いのも魅力！ ミシャ パーフェクト アイブロウスタイラー（R） ブラウン 660円／ミシャ（ミシャジャパン）

Cheek
チーク

6

ほおの真ん中に ツヤめく血色をのせる

ほおの中央に横長の楕円になるようふわっとチークをオン。ブラシの側面で薄くぼかして。

USE IT!

右から、やわらかな毛質で色がのせやすい。BOL01 2,000円／スアドール「Okhee」シリーズ　ほのかなツヤと透け感が美しいなじみ色。ペタルグローブラッシュ タッチド／ディアダリア（私物）

Lip
リップ

5

リキッドリップをブラシで二度塗り

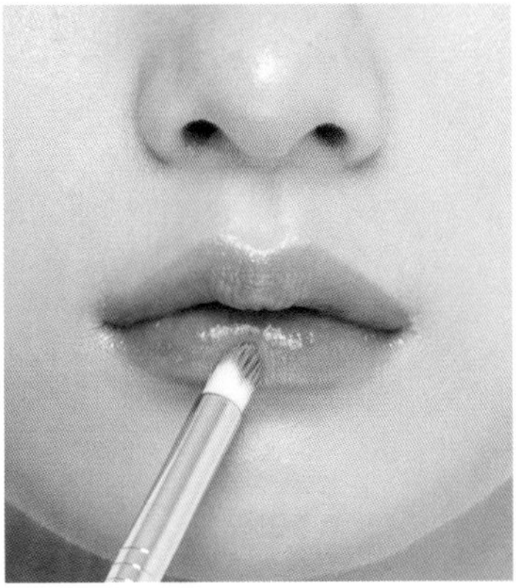

リキッドリップをブラシでまずは全体に薄く塗り、内側に重ね塗りして立体感をアップ。

USE IT!

右から、アウトラインをやわらかくとるのに最適な丸筆。NUN04 1,600円／スアドール「Okhee」シリーズ　ほどよいツヤを放つティントリップ。センシュアルフィッティング グロウ ティント126／HERA（私物）

Eye shadow

アイシャドウ

7

淡い暖色シャドウで まずはベースを

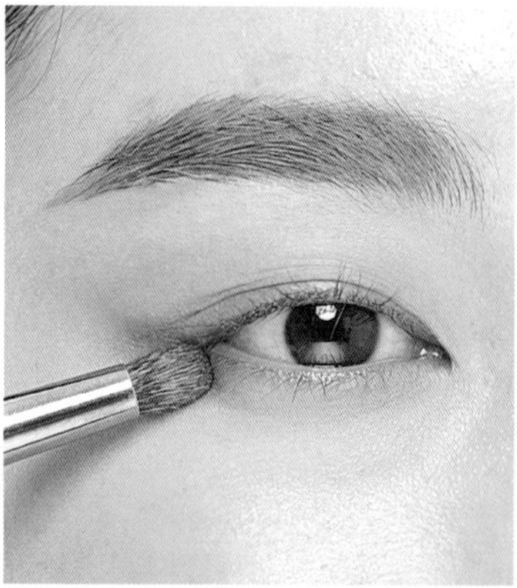

アイホールと涙袋にcを淡くぼかす。明るめの暖色でベースを整え、くすみを払拭して。

USE IT!

右から、絶妙なやわらかな毛質でふわりと色をのせられる。ebony21 1,880円／アンシブラシ　ソウル女子に人気のコーラル系カラー。マットとラメ、質感違いの2種がイン！ シャドウパレット 05 Sunset muhly 4,180円／デイジーク（PLAZA）

8

やや濃いカラーで 目の横幅を拡張する

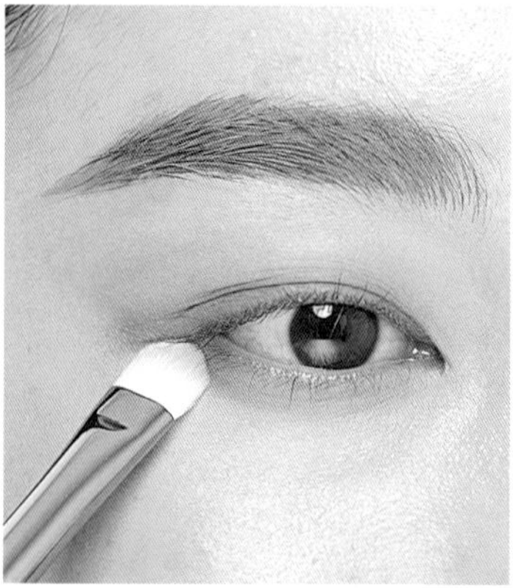

eを二重幅と涙袋にぼかし、さらに上下の黒目から目尻まで重ね塗り。目尻は1.5㎝延長。

USE IT!

デリケートな目元にうれしいソフトな感触のブラシ。涙袋にふわっと色をのせる際にも大活躍！ ebony40 1,200円／アンシブラシ

9

アイホールに やわらかな影色で立体感を

bで上まぶたのきわを締める。目尻は長めに。aをアイホールに重ねて彫り深を強調。

USE IT!

ノーズシャドウにも最適な形状。シャドウの濃さやのせる幅の調整が楽々できる。SUN 03 1,700円／スアドール「Okhee」シリーズ

10

ジェルライナーで上まぶたに インサイドラインを

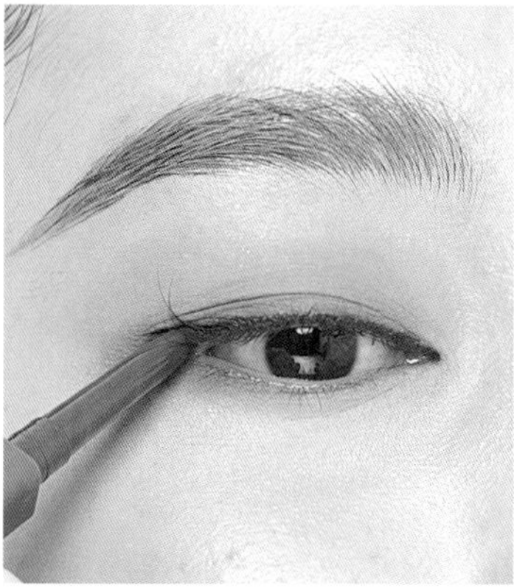

ラインは主張控えめに描くのが◎。上まぶたの目幅に合わせインサイドラインを。

USE IT!

油分、水分でにじみにくい。ほどよく締まるブラウン。エクストリーム ジェルプレッソ ペンシル ライナー 02 1,440円／クリオ

11

リキッドで目尻にのみ長めのラインを引く

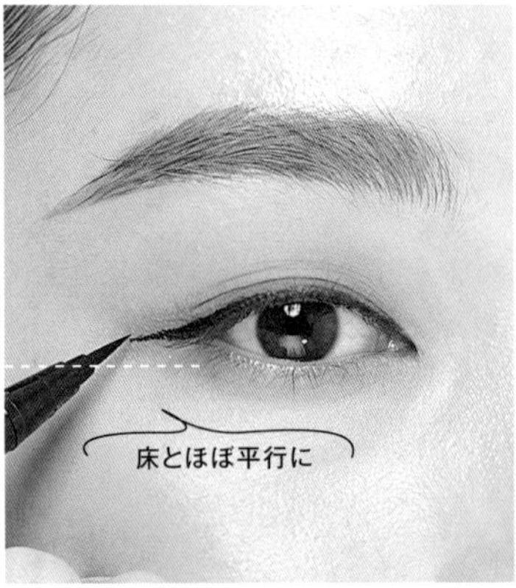

床とほぼ平行になるようリキッドで目尻にラインを引く。目尻の終点は1cmほど延長。

USE IT!

細くも太くも描きやすいコシのあるブラシ。密着ブラシライナー 01 ブラック 2,160円／GIVERNY 公式ストア Qoo10店

12

まつ毛の上下両方にマスカラを塗る

まつ毛を上げたらマスカラをオン。下からだけでなく上からも塗るとカール力強化に。

USE IT!

美しいカールが続く。エレガントな目ヂカラをかなえる漆黒。ニューアンビエンスカールマスカラ クラシックブラック 2,200円／hince

Highlight
ハイライト

13
飛び散らないよう ラメはあとのせ

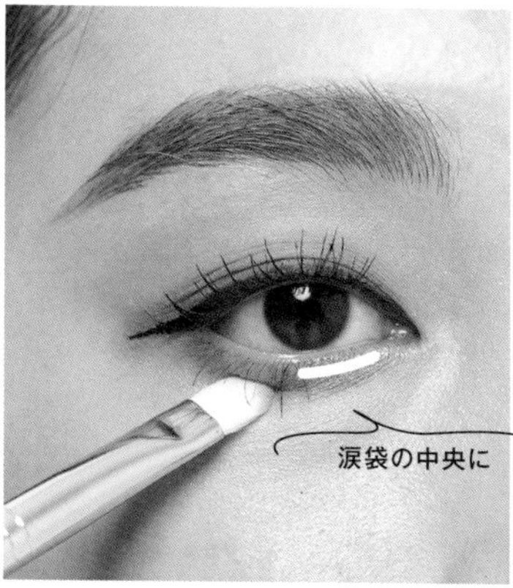

ラメは飛び散らないようにアイメイクの最後で。dを目頭から黒目まで涙袋の中央に。

USE IT!
先細のデザインとほどよいコシでラメやグリッターをピンポイントでのせやすい。NUN03 1,600円／スアドール「Okhee」シリーズ

14
ハイライトで 立体感をさらにアップ

鼻根、鼻先、目尻下、唇の山の上、あご先にハイライトを。光の効果で立体感アップ！

USE IT!
強い輝きを放つピュアなホワイト。ハイライター04／Glint by VDIVOV（私物）

雰囲気チェンジも狙える！

ソウル女子に人気の色っぽまとめ髪

ソウル女子のまとめ髪はビシッとタイトにしすぎず、
おくれ毛ややわらかな曲線を描くゆるっとしたフォルムで、
色っぽさを表現するのが特徴のローボーンヘア。
コーラルやピンクのカラーメイクとも相性バツグンです。

☑ サイドは耳を半分隠して
おくれ毛もチラリと

BACK

SIDE

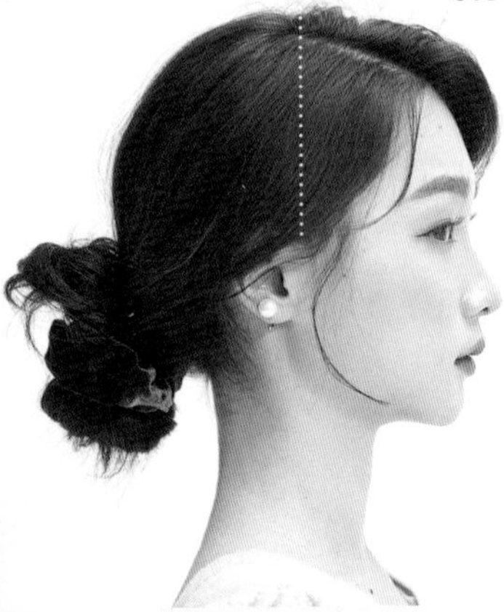

☑ ゆるっとまとめて
全体を丸みのあるフォルムに

1

うなじで髪をひとつにまとめてゆるくねじる

髪をうなじでひとつにまとめ、ゆるくねじる。アイロンで軽く巻いておくとやりやすい。

根元をつかんでさらにねじるのがポイント！

2

根元をつかんで毛先を上方向に

根元を軽く押さえながら

1でねじった毛束を根元から折りたたむように上方向へ。後頭部に沿わせるような感覚で。

3
毛束を
さらに折りたたむ

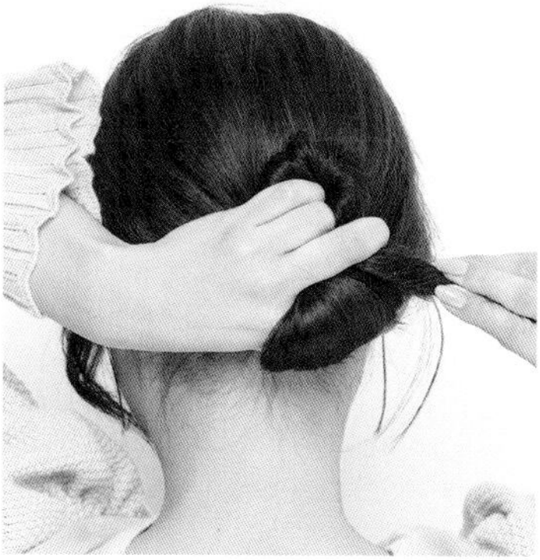

ねじった根元と毛先の中間付近を指で押さえ、
毛束をさらに半分にたたむ。毛先は下向きに。

4
折りたたんだ部分を
ゴムで固定

多少ぐちゃっと
なってもへっちゃら

3でたたんだ部分の中央を細いゴムで留める。
顔まわりの毛をひと束引き出しおくれ毛に。

韓国メイクの特徴である、透明感あふれる毛穴レスな美肌、

けっして濃くはないのに印象的な目元、そしてぷっくりとボリューミィな唇。

そんな、イマドキの韓国美人顔づくりには、

それに適したファンデ、トーンアップクリーム、シャドウ、

そしてマットとツヤ、2種類の質感のリップが欠かせません。

さらに、韓国メイクの大きな特徴である“指は使わずブラシで塗る”

メイク方法に役立つ、パーツ別のおすすめブラシもご紹介。

Chapter 2

透き通る肌、印象的な目元、ぷっくり唇をかなえる!

韓国美人顔には欠かせない

おすすめコスメ図鑑

Foundation

ファンデーション

軽やかリキッドの人気が急上昇中！

韓国っぽさをアシストするファンデーションとは、
カバー力はしっかりあるのにナチュラルな仕上がりであるもの。
透き通る肌に欠かせないファンデを集めました。

Liquid

HERA《ヘラ》

上質なツヤ感とカバー力、ヨレにくさのすべてがかなう!

「テカリとは全く違う上質なツヤ感は、ベースメイクに強いHERAなればこそ。ライトなテクスチャーで塗りやすく、カバー力もばっちり。しかもヨレにくい！」グロウ ラスティング ファンデーション SPF25・PA++ 35ml 65,000ウォン／HERA

リキッドファンデーション

リキッドファンデは、
軽やかなテクスチャーが人気。
スパチュラ塗りで
薄膜に仕上げる人も多数。

薄膜なのにハイカバー!

CLIO《クリオ》

“素肌がキレイ”を装える薄膜&セミツヤ仕上げ

「韓国でも人気の薄膜仕上げ。なのにコンシーラーが不要なほどのカバー力を持ち、素肌そのものがキレイなように装えます。セミツヤも上品」キルカバーファンウェア ファンデーション SPF30・PA+++ 38g 2,890円／クリオ

hince《ヒンス》

韓国のヘアメイクさんにも人気の軽やかファンデ

「今回紹介する中で、いちばん軽やか。素肌っぽい仕上がりだけど、赤みや色ムラの補整効果もばっちり。韓国のヘアメイクさんにも人気です」セカンドスキンファンデーション SPF30・PA++ 40ml 4,290円／hince

Cushion

クッション ファンデーション

韓国といえばクッション！
最近は美容成分入りや
エマルジョンと
クッションのセットなど
バリエーションが豊富。

HERA《ヘラ》

カバー力に優れたセミマット。
上品な女優肌に仕上がる

「テクスチャーはみずみずしいのにかなりのハイカバー。ニキビあともクマもこれひとつでしっかりカバー。セミマットな仕上がりが上品で、お仕事にもオケージョンにも◎」ブラッククッション SPF34・PA++ 15g×2（本品＋リフィル）66,000ウォン／HERA

肌が不安定なときの
頼れる相棒

Dear.A《ディアエー》

シカ成分配合で肌を
いたわるスキンケアクッション

「肌が揺らいでいるときに使ったら、オフ後には赤みが引いていて感動。カバー力があるのに、厚塗り感が出ないのも魅力」スリムフィット エバーラスティング クッション SPF50・PA+++ 10g 3,300円／Dear.A（ドクターエルシア）

EQUMAL《エクマル》

韓国のインフルエンサー、
ラミュク氏の人気クッション

「みずみずしい“クッション”とカバー力に優れた“コンシーライト”のセット。まずクッションで整え、気になる部分にコンシーライトを」ノーモアクッション＆コンシーライト SPF50+・PA++++ ／私物

Tone Up Cream

トーンアップクリーム

肌色コントロールは韓国メイクにはマスト!

明るさや透明感を肌にもたらすトーンアップクリームは
なりたい肌や悩みに合わせて選んで。

blue

too cool for school《トゥークールフォースクール》

透き通るようなはかなげ肌になれる淡いブルー下地

「黄みが強い肌に透明感を出したいとき役立つ淡いブルー。韓国の女優さんのような透き通った肌色になれます。サラッとしたテクスチャーで、凹凸もカバーしてくれる」アートクラス BLANC DE BASE／私物

lavender

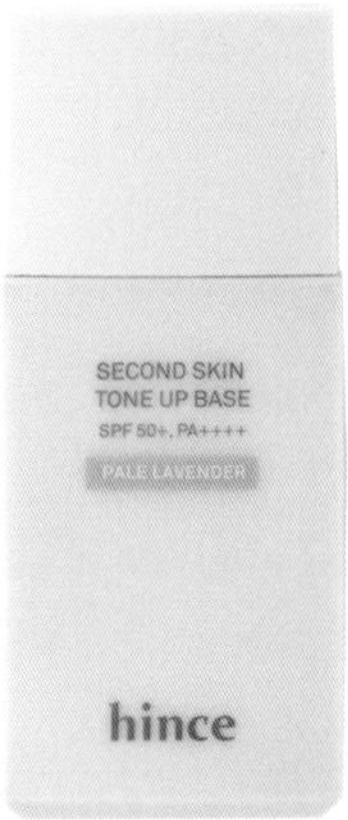

hince《ヒンス》

気になる黄ぐすみを完全にカバーできる

「黄ぐすみを補整してピンクトーンに整えたいときに。さらっとしたテクスチャーでナチュラルなトーンアップ効果が狙える」セカンドスキントーンアップベース ペールラベンダー SPF50+・PA++++ 35ml 3,300円／hince

green

numbuzin《ナンバーズイン》

明るめのグリーン下地は赤みが気になるときに最適

「肌の赤みをグリーンで均一に。ケア、日焼け止め、下地、ファンデの機能を搭載」2番 赤みカバーグリーントーンアップクリーム SPF50+・PA+++ 50ml 2,320円／ナンバーズイン韓国公式 Qoo10店

pink

CellFusionC《セルフュージョンシー》

お疲れ肌をハッピー感
あふれる肌に変えるピンク

「トーンアップクリーム初心者も使いやすいまろやかピンク。血色感をさりげなく足してくれるから寝不足のお疲れ顔にも◎。さらに低刺激処方で敏感肌でも安心」トーニングサンスクリーン SPF50+・PA++++／私物

beige

KLAVUU《クラビュー》

真珠のような光と明るさを
肌に宿すローズカラー

「“女優クリーム”と呼ばれるほどの完璧な仕上がり。上品な明るさと光を宿しつつ毛穴の凹凸もフラットに」アクトレス バックステージクリーム ローズ SPF30・PA++ 50ml 2,970円／KLAVUU（森光）

Eye Palette

アイパレット

重ねることで魅力と目ヂカラをアップ

淡い影をつくるマット、繊細なラメ、大粒のグリッター。
どの質感・色のものも重ねるほどに深みの出るところが韓国アイテムの魅力。

Flynn《フリン》

**自然な陰影づくりがかなう
ブラウンベージュのパレット**

「赤みレスな色みが使いやすい王道のブラウンベージュ。色素薄い系のカラコンにも似合う。マットはふんわりと発色し、ラメは繊細な光を放ちます」ラッスルアイシャドウパレット01 3,690円／フリン

RULIDIA《ルリディア》

**色っぽな赤みをじんわりと
宿したアイメイクに最適**

「これぞ韓国！的なじんわりとした赤みを目元に宿すアイメイクにおすすめのパレット。発色のいいマットな赤みローズやピンクのほか、ラメ感もキレイ。チークとしても使えて万能です」マルチユーズアイパレット STATICE／rulidia 公式 Qoo10店

mude《ミュード》

**まぶたにとけ込んで
甘やかな陰影を演出**

「ミルキーなラベンダーのカラーバリエは、韓国のトレンドど真ん中。はかなげな透明感を引き出し、肌そのものをキレイに見せてくれます。ブラウンと組み合わせても」ショールモーメントアイシャドウパレット 04 3,200円／ミュード（シーズマーケット）

青み系カラーではかなげオーラ

しゃれ感きわ立つノンパール

Laka《ラカ》

シアーな発色がピンク系
カラーをとり入れやすくする

「はれぼったくならない絶妙なピンクやプラムのバリエーション。ノンパールのマット発色がとにかくおしゃれ。シアーな発色なのでアイラインやマスカラで盛るメイクに最適」ミドルトーンコレクターアイシャドウパレット06 3,400円／Laka（ラカ）

UNLEASHIA《アンリシア》

おしゃれかつ低刺激。
締め色入りなのもうれしい

「目元が敏感な人にもうれしい低刺激＆ヴィーガン処方。ベースに最適なマットと華やかなラメ、さらに締め色入りでとにかく使える！」グリッターペディアアイシャドウヴィーガンコスメN°3 2,950円／アンリシア/リデュア公式Qoo10店

Dinto《ディント》

重ねるだけで立体感を
生み出す秀逸なマット

「大人でも存分に楽しめるスタイリッシュなパレット。オレンジニュアンスの濃淡ベージュが肌になじみながら、立体感を引き出します。かすかなラメがキラリと上品に主張」ブラーフィニッシュアイシャドウパレット702 3,000円／ディント（Dinto cosmetic公式Qoo10店）

Lip

リップ

マットとツヤの重ね塗りが韓国流！

ツヤリップに注目が集まる最近の韓国。
マットなリップやバームでベースをつくり、ツヤを重ねてぷっくり見せるメイクも人気。

Gloss

「オイルを配合し、澄んだ輝きとうるおいで唇をラッピングするようなつけ心地。ツヤはあるけどベトつかず、じんわりとした発色が楽しめます」右から、アイシーグロウティント 03、04 各4,400円／MUZIGAE MANSION 公式 Qoo10店

ピュアなツヤめきで唇をラップ！

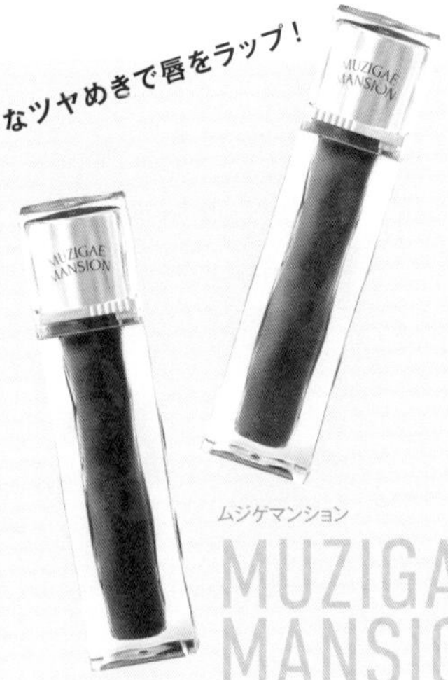

MUZIGAE MANSION《ムジゲマンション》

HERA《ヘラ》

質感違いの高発色が魅力

「グロスは一度塗りなら透け発色、しっかり塗りならルージュのような色が楽しめます。ティントは豊かなツヤと高発色が魅力です」右から、センシュアル スパイシー ヌードグロス 422、センシュアル フィッティング グロウティント 467 ／ともに私物

ティントとバームのいいとこどり

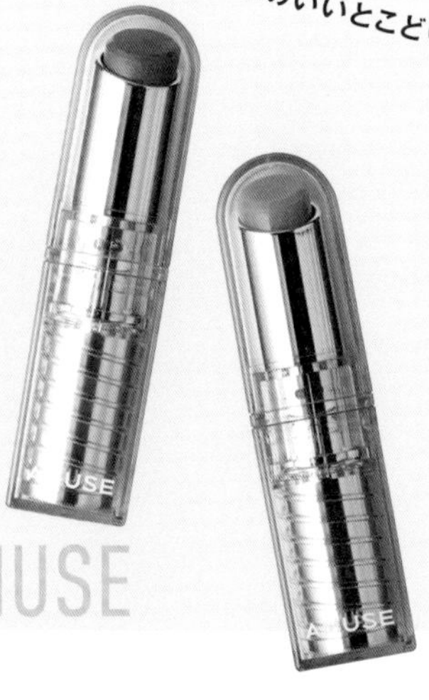

「大ヒットを記録したデューティントのうるうるのテクスチャーにもっちり感を加えて生まれたティントバーム。ヴィーガン処方で、しかも美容成分をたっぷり配合。荒れやすいけどリップメイクを楽しみたい人におすすめです」右から、デューバーム 01、05 各2,200円／アミューズ

AMUSE《アミューズ》

テンション上がるしゃれたパッケージ

「表面はサラサラのマットだけど内側に湿度を感じる仕上がりのウォーターティント。602は色っぽいムードのディープなモーヴ、606はデイリーにも使いやすいまろやかなくすみコーラル」上から、エアーブリーズマットティント 602、606／私物

モス
MOS

Matte

縦ジワも目立たないなめらかマット

モス
MOS

「パケ買い必至のおしゃれなパッケージ。軽くてスムースな塗り心地のマットリップは、素の唇が透けない高発色な仕上がりが魅力。パサパサしないので、マットリップが苦手な人でも使えるはず」上から、エアーマットルージュ 102、101／私物

韓国でもヒット中のヴィーガンティント

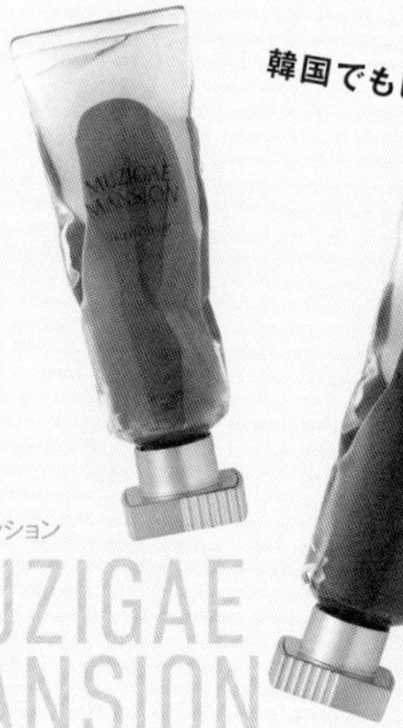

ムジゲマンション
MUZIGAE
MANSION

「唯一無二のおしゃれさを持つパッケージと唇の凹凸を埋めつつ均一に染め上げるベルベットティントな仕上がりで大ヒット中。色みも秀逸」右から、オブジェリキッド 004、003　各2,500円／MUZIGAE MANSION 公式 Qoo10店

Brush

ブラシ

メイクの精度を上げる精鋭ブラシたち

“指”を使わないのが韓国メイクの特徴。
下地からリップまでGeorgeも愛用中の精鋭ブラシをご紹介！

Ancci brush《アンシブラシ》 1 下地、日焼け止めやファンデーションに

Ancci brush《アンシブラシ》 2 コンシーラーに

SOO ADOR《スアドール》 3 リキッドファンデーションに

SOO ADOR《スアドール》 4 チークに

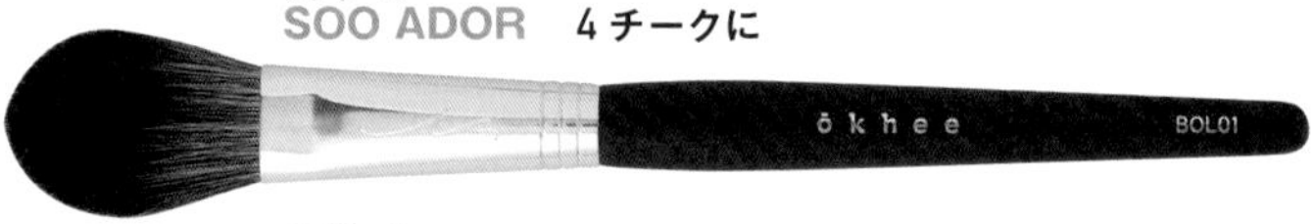

SOO ADOR《スアドール》 5 ハイライトに

Ancci brush《アンシブラシ》 6 シェーディングに

1「本来は広い範囲に塗る用の平筆だけど、薄く均一に広げるのに適しています」Eve 313 1,880円／アンシブラシ 2「目尻や目頭、眉尻など細かい部分も楽々。テクスチャーも選ばない」Eve 308 980円／アンシブラシ 3「スポンジとブラシの機能をあわせ持つブラシ。クッションでもリキッドでも均一にのばし広げることができるのでおすすめ」WHITEJADE Foundation Brush PIV01 2,800円／スアドール「Okhee」シリーズ 4「チークはブラシの背でのせることが多いので、肌あたりのやわらかいものを選んで」BOL01 2,000円／スアドール「Okhee」シリーズ 5「パウダーハイライトを狙った部分に正確にのせられるサイズ感。パールが散らばらないのもうれしい」PIV08 2,100円／スアドール「Okhee」シリーズ 6「“輪郭修正シェーディングブラシ”とも呼ばれる、絶妙なサイズ＆やわらかさ。パウダーのシェーディングを使うときに」ebony 04 2,140円／アンシブラシ

SOO ADOR《スアドール》　**7 ノーズシャドウに**

Ancci brush《アンシブラシ》 **8 アイシャドウのメインカラーや涙袋に**

SOO ADOR《スアドール》　**9 目元にラメをのせるときに**

Ancci brush《アンシブラシ》 **10 アイシャドウを下まぶたやポイントにのせるときに**

Ancci brush《アンシブラシ》 **11 アイシャドウをきわにのせる、影をつくるときに**

SOO ADOR《スアドール》　**12 リップをふわっと塗るときに**

KUMO《クーモ》　**13 リップ、コンシーラーに**

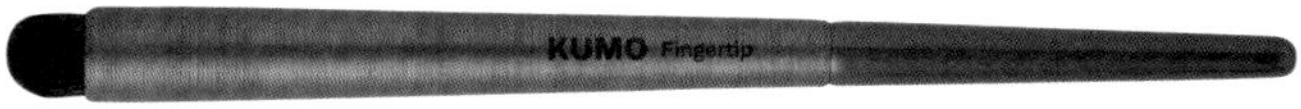

7「骨格に沿って動かすだけで簡単に影色を仕込め、立体感をアップ」SUN 03 1,700 円／スアドール「Okhee」シリーズ　8「メインカラーをのせるときに愛用中。リス毛で非常にやわらかいので、涙袋に色をふわりとのせたいときにも◎」ebony21 1,880 円／アンシブラシ　9「ラメ専用のブラシ。ラメが飛び散らず狙った部分にのせられて便利」NUN03 1,600 円／スアドール「Okhee」シリーズ　10「アイシャドウを下まぶたなどにのせるときに便利」ebony40 1,200 円／アンシブラシ　11「濃いシャドウでアイラインっぽくきわを埋めるときに。涙袋の影をつくるときにも活躍」ebony29 1,080 円／アンシブラシ　12「本来はシャドウ用だけどマットのリップをふわっと塗るときに最適」NUN04 1,600 円／スアドール「Okhee」シリーズ　13「唇のアウトラインをぼかすときや、コンシーラーでシミやニキビあとにも」Fingertip Brush ／ KUMO（私物）

Retouch

リタッチ

メイクしたての状態を復活させる救世主

メイクがくずれてしまったとき、そのままファンデを重ねても
なかなか元の状態には戻せない。
便利アイテムを賢く利用して、メイクしたばかりみたいな状態に！

出先でも毛穴対策が
簡単にできる

TIRTIR《ティルティル》

肌が疲れたときに使うと明るさとうるおいが復活！

「スキンケアでも愛用中の泡のマスク。メイク直しでは、上からのせて少しおいたらふきとってファンデを重ねて。ビタミンのパワーでお疲れ肌が復活！」VC グロウ トーニングマスク 80ml 2,420 円（オープン価格）／TIRTIR

CLIO《クリオ》

毛穴落ちした部分に少量重ねてつるんと！

「毛穴対策のプライマーは、日中毛穴落ちや小ジワが目立つところに少量塗り込んでからファンデを重ねると肌表面がつるん！　軽くて小さいので持ち歩きにも便利」プレステップ ポア プライマー 30ml 2,640円／クリオ

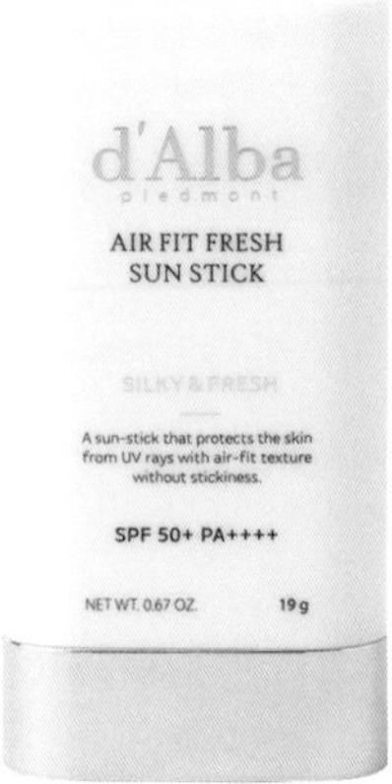

d'Alba《ダルバ》

手を汚さずに塗れるスティックの日焼け止め

「顔にももちろん使えるけど、一番のおすすめは首や腕。塗ったあとはサラッとしているので洋服についちゃう心配もなし！」エアーフィット フレッシュ サンスティック SPF50+・PA++++ 19g 3,600円／d'Alba

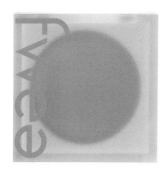

fwee《フィー》

汗や水にも強く、メイク直しの状態を長時間キープ!

「スフレみたいな感触のパウダーチーク。テクいらずでキレイなツヤがのるので、血色と光が欲しい部分にちょい足しすると、イキイキとした顔色に」チークメロウ 03 1,800円／fwee 韓国公式ショップ Qoo10店

peripera《ペリペラ》

重ね塗りしてもキレイなティント

「キュートなカラーのティントリップは、韓国のヘアメイクさんがこぞって愛用中。色がとにかく可愛くて、イマドキ。メイク直しに使うなら、内側にちょこっとのせて全体に広げて」インク ザ タトゥー 03／私物

鮮やかカラーがずっと続く!

Serendi Beauty《セレンディビューティー》

キュッとリフトアップする感覚が魅力のBB

「下地とファンデの両方の機能を持つBBだから、これひとつでメイク直しが完了。薄づきでしかもハイカバー。仕上がりもなめらかでキレイ」エッセンシャル シルク BB クリーム 2.0 SPF33・PA+++ 40g 5,060円／SERENDI BEAUTY JAPAN

メイクを引き立てる、なめらかで明るい陶器のような肌を育む

優秀すぎるスキンケアアイテムをピックアップ!

韓国ならではのパッドや種類豊富な美容液、

シートマスクといったカテゴリー別のアイテムのほか、

今、注目の成分別のおすすめまで完全網羅。

毛穴の目立ち、ゴワつき、赤み、ニキビ、乾燥、くすみ……など、

肌の悩みをまるっと解消しつつ、なめらかにトーンアップ。

理想の肌に出会いたいなら、韓国発のスキンケアに頼るのが正解!

Chapter 3

毛穴も揺らぎも乾燥も、すべておまかせ

韓国美女の美肌に近づける!

最強のスキンケアアイテム

毎日のクレンジングで、メイクと一緒に毛穴汚れも完全オフ

韓国は、オイルやバームなど、形状が違ってもW洗顔不要なものがほとんど。
毛穴汚れまでしっかりオフできるのが魅力。

VT《ブイティー》

整肌成分と保湿成分配合だから乾燥知らず!

「保湿成分と整肌成分の2層式。肌の調子に合わせ、片方だけ、2つをまぜたりとお好みでカスタムできる。濃いポイントメイクも落とせるのに、つっぱり感ゼロ」CICA マイルドクレンジングバーム 100ml 2,420円／VT(VT COSMETICS)

肌を優しくいたわりながら
しっかりメイクもするり!

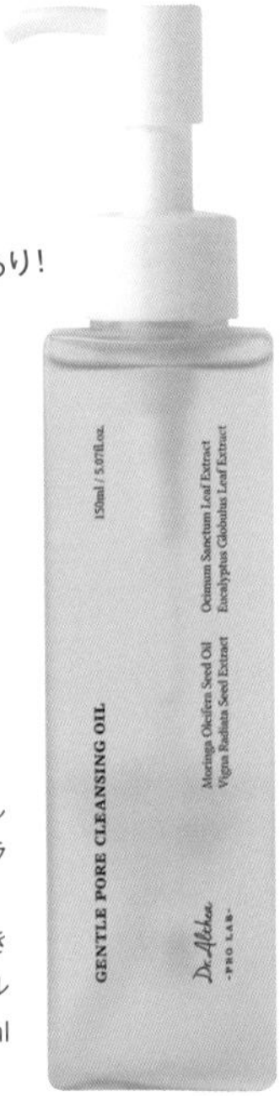

Dr.Althea《ドクター エルシア》

軽やかなのにラメも濃いメイクも楽々オフ

「重さやぬるつきのないさらりとしたオイルで心地よくメイクオフ。ラメもしっかり落とせるのに低刺激。花粉の季節など肌の調子が悪いときでも安心して使える」ジェントルポア クレンジングオイル 150ml 2,800円／ドクターエルシア

AROMATICA《アロマティカ》

疲れた日に頼りたい心地よい香りと使用感

「オレンジの精油の香りがさわやかで、いやされながらメイクオフができる。シャーベットみたいなテクスチャーも気持ちよく、肌もしっとり」オレンジ クレンジング シャーベット 150g 2,900円／Aromatica_Official Qoo10店

（ 洗顔 ） Face wash

すっきり洗いつつ、洗い上がりの肌はもっちり！

“落とす”ケアを大事にしている韓国は洗顔も逸品ぞろい。
オイルリッチなものより、さっぱり洗ってもっちり肌に整えるアイテムが豊富。

ongredients《オングリディエンツ》

肌の調子が悪くても
頼れる低刺激な弱酸性

「韓国で人気のドクダミエキス配合。乾燥する季節や生理前、美容医療のあとなど、肌の赤みが気になるときにもおすすめな弱酸性」デイリーマイルドクレンジングフォーム／私物

Abib《アビブ》

ジェントルな洗い心地なのに
毛穴汚れもしっかりオフ

「肌を包み込むように洗えるふわふわのやわらかな泡が魅力。低刺激だけど毛穴の汚れや余分な皮脂、ほこりなどはしっかりオフできる優れモノ」マイルド弱酸性フォームクレンザー ジェントルフォーム120ml 1,973円／Abib Official Qoo10店

すっきり洗えて
肌がつるん！

바이로담《ハイロダム》

ニキビや皮脂に
悩んでいるならコレ！

「韓国で人気のドクターズコスメの洗顔フォーム。余分な皮脂をすっきり洗い流してくれるので、オイリースキンやニキビに悩んでるときにもおすすめ。きめ細かな泡が出てくるポンプ式だから時短もかないます」バブルフォーム／私物

お手入れの最初に使って美容成分の受け入れ態勢を整える!

サラリとしたテクスチャーが多く、肌のベースを整え、あとに続く
アイテムの成分を浸透しやすくする。美容液の中でいちばん初めに使うのがコレ！

うるおってイキイキした
肌へと導く

onoma《オノマ》

エイジングケアに最適な一本!

「韓国のベスコス常連の人気導入美容液。エイジングケア成分を豊富に配合してあり、これを使うと元気のない肌もイキイキとよみがえります。あとに続くケアアイテムの入りもよくなる」 ワンダートゥモローエッセンス／私物

innisfree《イニスフリー》

保湿力に優れたブラックティーを配合

「さらっとしたテクスチャーでしっかりと保湿できるので、化粧水がいらないと感じるほど。肌の土台が整いふっくら。メイクののりも◎」 ブラックティー ユース トリートメント エッセンス 145ml 4,499円／イニスフリー

魔女工場《マジョコウジョウ》

肌のくすみもしぼみもこれ一本で解決

「水みたいにサラサラなテクスチャー。ガラクトミセスとナイアシンアミドをWで配合してあり、肌のくすみが気になるときや乾燥してしぼみを感じるときに最適。透明感あるプルプル肌に」 ガラクナイアシン2.0エッセンス 50ml 2,900円／魔女工場

毛穴対策や保湿など欲しい効果を狙って注入

エッセンスの次に使うセラムは、肌悩みに特化したものが多数。
毛穴の引き締めや乾燥対策など、成分で選ぶのがおすすめ。

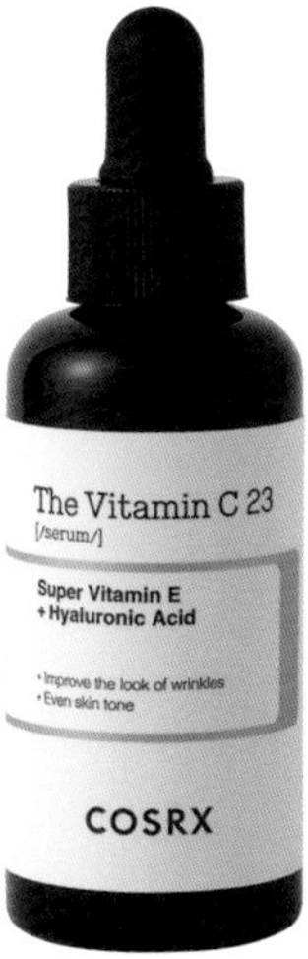

ジェル状のミストが
パワフルに肌を保湿

COSRX《コスアールエックス》

結果を出しやすい 高濃度なビタミンC!

「高濃度のビタミンC配合のセラム。少し重めなので、私は夜に使っています。わかりやすくハリが出て、毛穴もキュッと引き締まる。シミが気になる人にもおすすめ」The Vitamin C 23 Serum 20g 2,480円／COSRX Official Qoo10店

MJUK《ミューク》

驚異の保湿力を発揮する ジェリー状ミスト

「高保湿成分を閉じ込めた、ジェリー状のセラムミスト。肌にするっと入り込む感覚で、ひどく乾燥しているときでもモチモチに整います。低刺激処方なので、肌が揺らいでるときにも」ジェレ バテン セラム 5,900円／MJUK

medicube《メディキューブ》

毛穴の詰まり、たるみ、色素沈着を一網打尽

「皮脂詰まり、たるみ、色素沈着など毛穴が目立つさまざまな原因にアプローチする成分をブレンド。塗った瞬間に肌と毛穴がキュッと引き締まる感覚があり、つるりとした毛穴レス肌に導いてくれる」ゼロ毛穴1dayセラム 30ml 5,600円／メディキューブ

仕上げの美容液で肌の状態をパーフェクトに

美容液の中では最後に使うのがアンプル。
いちばんこっくりと重めなテクスチャーでパワフルに肌を整えます。

敏感肌さんの
ハリケアにおすすめ

바이로담《バイロダム》

皮脂やニキビ、毛穴が気になる肌に最適

「韓方に特化したブランド発のアンプル。皮脂のコントロールに適したPHA成分を配合しているので、過剰な皮脂やニキビ、毛穴の黒ずみや開きが気になる肌におすすめ。赤みを抑えて、なめらかな肌に」ACピュアアンプル 30ml 4,200円/ロダム

魔女工場《マジョコウジョウ》

低刺激なのにハリが出て毛穴ケアもできる

「敏感肌でも安心して使えるコラーゲンアンプル。使うようになってから肌に弾力とハリ感が出て、毛穴が目立たなくなりました。コスパもいいので、とり入れやすい」Vコラーゲンハートアンプル 50ml 3,500円/魔女工場

MIGUHARA《ミグハラ》

肌がもっちりして乾かないホワイトニング

「ブースターとして使用するホワイトニングのアンプル。ホワイトニング系は乾燥するものもありますが、これはオイルベースでもっちり感も出せる」ウルトラ ホワイトニング パーフェクト アンプル 20ml 2,200円/MIGUHARA OFFICIAL Qoo10店

Beauty stick

（ 美容スティック ）

メイクの上からでも美容成分をプラスできる

韓国ドラマでもよく見かけるスティックはベタつかないさらりとした使用感。携帯してメイクの上から日中のケアに使う人も多い。

ほのかなネロリの香りにいやされる～

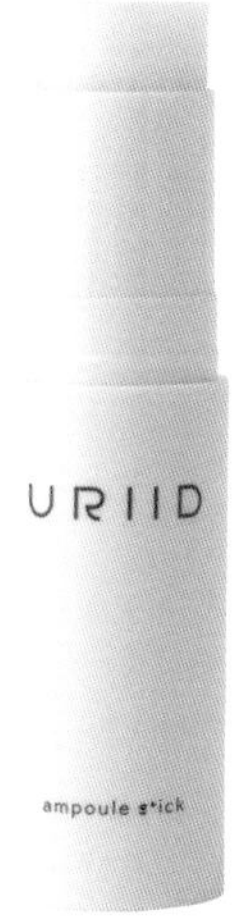

Centellian24《センテリアントゥウェンティーフォー》

疲れや乾燥で目まわりがシワっぽいときに

「目まわりなど、シワが気になる部分に使っています。メイクの上からも使え、ほどよいツヤ感が出せるので、ハイライトがわりに使うことも」マデカ リンクル キャプチャー スティック 10g 2,350円／cente llian24 official Qoo10店

URIID《ユリード》

メルティなテクスチャーでしっかり保湿

「マスクの刺激で敏感になった部分に使ってます。とろけるようなテクスチャーで、乾燥した部分にうるおいを届ける感覚が。香りもすごくいいので、忙しいときはこれでいやされます」アンプルスティック 10g 2,540円／URIID 公式 Qoo10店

KAHI《カヒ》

マルチに保湿するなめらかスティック

「韓国ドラマ『ウ・ヨンウ弁護士は天才肌』に出てきたことで注目され、大ブレイク。サーモン由来のコラーゲンやプロテオグリカンなどを配合し、顔、首やデコルテなどをしっかり保湿」リンクルバウンス マルチバーム／私物

バリエーションが豊富で韓国美肌の土台になる

韓国のUVアイテムの充実ぶりはかなりのもの。みんな日中にはきちんと塗り直しもするので、朝のスキンケアの仕上げに塗る用、塗り直し用と用途に合わせてバリエも豊富。

LAGOM《ラゴム》

心地よさと高いスキンケア効果をあわせ持つ

「みずみずしいので日焼け止めのキシキシ感が苦手な人にもおすすめ。ナイアシンアミドとグルタチオンが配合されていて、高いスキンケア効果も自慢」サンジェル プラス SPF50+・PA++++ 40ml 2,200円／ラゴム公式ストア Qoo10店

ROUND LAB《ラウンドラボ》

透明で軽やかなので首やデコルテのUVケアにも

「軽やかさと保湿力に優れた透明タイプで、首やデコルテにも安心して使えます。抗炎症やエイジングケアの効果を持つといわれる白樺エキス配合で、使う人の肌タイプを選びません」白樺水分サンクッション SPF50+・PA++++／私物

ベタつかないのに
しっとり肌に仕上がる

Serendi Beauty《セレンディビューティー》

ファンデがわりに使えるトーンアップ力

「ピンクトーンで自然にトーンアップ。キメも整うので、リモートワークの日にはファンデがわりに使うことも。自然由来の成分もたっぷり」エッセンシャル トーンアップ サン セラム SPF50+・PA++++ 40g 4,620円／SERENDI BEAUTY JAPAN

d'Alba《ダルバ》

軽くてパワフル
しかもトーンアップまで!

「今、いちばん愛用しているUVアイテム。ウォータープルーフなのに軽くてなめらか。トーンアップもできるから、ベースにも最適」ウォータフル トーンアップ サンクリーム SPF50+・PA++++ 50ml 3,200円／d'Alba

韓国で人気上昇中のエッセンスタイプ

Dr.Althea《ドクターエルシア》

シカ成分入りで
肌が揺らいだときにも◎

「シカ成分入り。アレルギー体質で体調や肌の調子によってはかゆみが出る私でも安心して使えます。エッセンスなので、使用感もサラサラ。夏にも◎」シカ リリーフ サン エッセンス SPF50+・PA++++ 52ml 2,300円／ドクターエルシア

BLANC DIVA《ブランディバ》

紫外線をブロックしつつ
美白ケアまで

「明るいベージュでトーンアップ効果もしっかり。乳液みたいにやわらかく、ストレスフリーな塗り心地。美白成分配合で、紫外線から守りながら美白までできます」マルチプロテクションフィッティング サンベース SPF50+・PA++++／私物

espoir《エスポア》

ピンクトーンで
肌色補整効果もバッチリ

「ピンクみのあるテクスチャーで紫外線から肌を守りつつ血色と明るさを肌にオン。手を汚さずに塗れるクッションタイプは、メイク直しにも大活躍！」コモンヌード トーンアップクッション SPF50+・PA++++ 1,000円／espoir-Official Japan Qoo10店

韓国美肌の定番で、時短にもなる優秀アイテム

パッドは韓国コスメの定番。洗顔料がわりにも保湿ケアにも使えるトナーパッドやメイクオフできるクレンジングパッドなど、種類豊富で時短もできます！

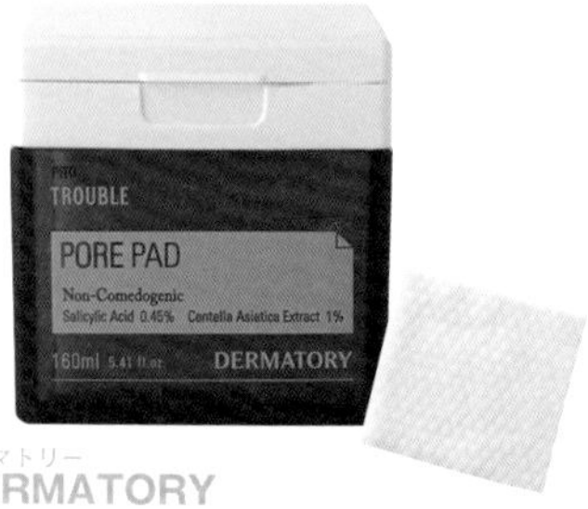

DERMATORY《ダーマトリー》

テカリや毛穴が気になる部分に使って

「最近、韓国で人気の四角いパッド。毛穴や皮脂のケアができるサリチル酸と沈静作用のある美容成分を配合。顔全体ではなく毛穴やテカリが気になる部分に、ポイント的に使うのがおすすめ」プロトラブル毛穴パッド 60枚／私物

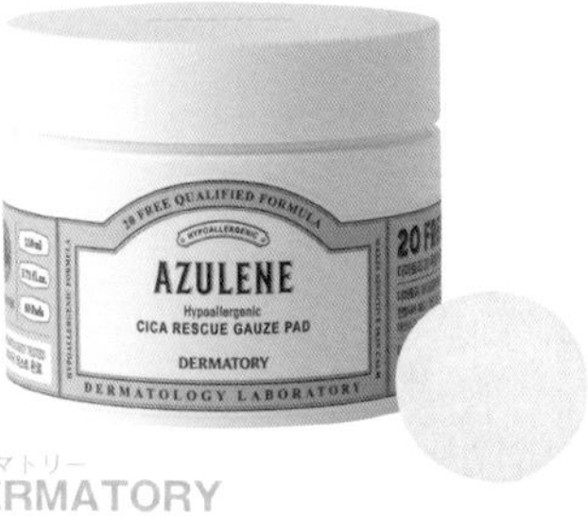

DERMATORY《ダーマトリー》

沈静効果に優れたシカ入りのパッド

「ソフトな肌あたりのガーゼパッドにエッセンスがたっぷり。ツボクサなど沈静効果のある成分を配合しており、赤みが出たときにはコットンパックのように使うことも」ハイポアラージェニック シカレスキューガーゼパッド 60枚／私物

肌が揺らいでるときにも
使える低刺激なパッド

Abib《アビブ》

肌をいたわりながら角質ケアもかなう

「ドクダミエッセンスたっぷり。エンボス加工された面を使えば不要な角質のふきとりができ、裏返せば保湿ケアができる。朝のお手入れの時短に◎」ドクダミスポットパッドカーミングタッチ 80枚 2,697円／Abib Official Qoo10店

Serendi Beauty《セレンディビューティー》

これ一枚でクレンジング洗顔が完了

「パッドを肌に滑らせつつ泡立てて、メイクをオフするクレンジングパッド。スキンケア成分もたっぷりで、洗い上がりはモチモチ！　個包装なので旅行や出張にも」リブースティング シカ クレンジング パッド 10枚 2,090円／SERENDI BEAUTY JAPAN

しっかりアイメイクも
するんと落とせる!

Ariul《アリウル》

洗浄力の高いクレンジングオイルのパッド

「グリッターやウォータープルーフのマスカラが簡単に落とせるオイルクレンジング入り。ポイントメイクのオフ用としても◎」ザパーフェクトクレンジングオイルパッド 60枚 2,530円／Ariul_official Qoo10店

VT《ブイティー》

角質ケア&保湿ができる

「エンボス面でふきとり、角質ケアをしつつ、裏返してパッティングすることで保湿ができる。乾燥してるけどザラつきが気になる……、なんてときにも最適」CICA マイルドトナーパッド 60枚 1,815円／VT（VT COSMETICS）

―― エンボスタイプ ――

パッド表面に凹凸があるタイプ。毛穴に詰まった汚れや余分な皮脂を優しくからめとるのに最適。

―― ガーゼタイプ ――

保湿ケアや沈静ケアのパッドに多く、肌あたりが優しいのが◎。コットンパックとして使うのにも便利。

LAVIEN《ラウィアン》

毛穴が気になるときのスペシャルケア用

「ステップ1のパッドで毛穴汚れをふきとり、ステップ2のパッドで毛穴の引き締めを行う2枚セット。1回で毛穴の詰まりやザラつきが気にならなくなる！」パーフェクトポアプログラム 2枚セット×5回分 3,300円／LAVIEN JAPAN

手ごろな価格のものを毎日使うのが美肌への近道!

韓国コスメのシートマスクは優秀なのに価格の安いものがたくさん。
沈静、毛穴ケア、保湿などその日の肌状態に合わせて毎日使えば、肌状態がグッと上がる！

1 注目成分〝復活草〟を配合

Abib《アビブ》

2 揺らいだときのお守りマスク

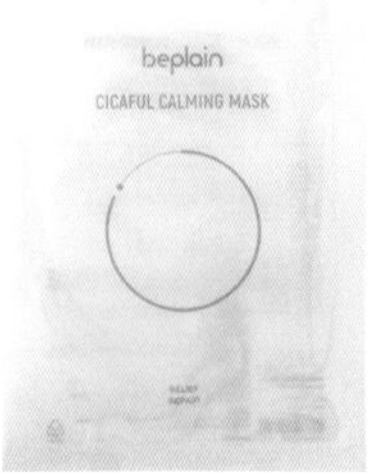

beplain《ビープレーン》

3 旅行にも便利な3ステップ

MIGUHARA《ミグハラ》

4 人気美容液のシートマスク版

FROMNATURE《フロムネイチャー》

5 1枚でエイジングケア×保湿

REJURAN《リジュラン》

1「注目の成分、復活草の成分がイン。内側からグンと押すようなハリを感じられます。アビブのシートマスクは弱酸性で心地よさもピカイチ」マイルドアシディック pH シートマスク復活草フィット 30枚 3,420円／Abib Official Qoo10店　2「何を使ってもピリついてしまうようなときでも頼れる低刺激な沈静マスク。肌質を選ばず使えます」シカフル マスク 27ml 2,596円（10枚入）／beplain（森光）　3「オイル、マスク、クリームの３ステップ入り」ビッグ３ステップホワイトニングマスクパック 10枚 2,700円／MIGUHARA OFFICIAL Qoo10店　4「韓国で人気のエイジングケアブースターのシートマスク。洗顔後すぐに使うとハリが復活！」AGE インテンストリートメント フェイシャルマスク／私物　5「ドクターズコスメブランドのマスクだけあって保湿力がパワフル。エイジング成分もたっぷり」ヒーリングマスク 5枚 1,890円／REJURAN_OFFICIAL Qoo10店

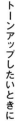

6 保湿力とコスパはピカイチ！

WellDerma《ウェルダーマ》

7 乾燥やほてりのケアに最適

Abib《アビブ》

8 トーンアップしたいときに

MEDIHEAL《メディヒール》

9 ピン！としたハリがよみがえる

魔女工場《マジョコウジョウ》

10 クリームマスクでしっとり

Anua《アヌア》

6「水分をぎゅっと入れ込んだような肌に。クセのない使用感とコスパのよさで毎日使いたくなる」ウェルダーマ ティーツリー スージング アンプル マスク／私物　7「肌にピタッと張りつくジェルタイプ。日焼け後やひどく乾燥したときのレスキューにも使います。美容液タイプなので使うのは化粧水のあと！」コラーゲン ジェル マスク 水分草 10枚 4,500円／Abib Official Qoo10店　8「ビタミンC配合のブライトニングケアマスクは日焼け後にもお役立ち。さっぱりとした使用感も魅力」ヒーリングシリーズエッセンシャルマスクビタ 10枚 2,200円／メディヒール公式 Qoo10店　9「ハリ感アップに特化したマスクはファーストエイジングケアに◎」ビフィダバイオームアンプルシートマスク 10枚入 3,000円／魔女工場　10「乾燥が気になるときに投入したいクリームマスク。夜、スキンケアの仕上げに使えば、翌朝もっちり」ハートリーフ クリームマスク ナイト ソリューション 10枚 3,480円／Anua 公式 Qoo10店

乾燥、揺らぎ、ハリ不足……etc.

肌悩みで選んで！
韓国コスメ 注目成分リスト

肌をうるおしたり、ハリを復活させたり。
欲しい効果を的確に、スピーディに手に入れたいなら、成分でコスメを選ぶのが近道。
ここでは、最近の韓国でポピュラーな成分とともに、おすすめアイテムをご紹介。

01

ツボクサ

沈静や再生力に優れた
肌のお守り的成分

ツボクサとはいわゆる“シカ”のこと。傷を治す効果や沈静効果に優れており多くの韓国コスメに配合されています。この沈静クリームは1本あれば、子どもから大人まで赤みやひりつき対策に最適。美容医療のあとにも。ザマデカクリーム シーズン6 50ml 2,420円／centellian24official Qoo10店

手軽に必要な美容成分を
注入できる優れもの

02

ドクダミ

沈静効果が高く、
ニキビケアアイテムにも多数配合

抗菌作用や沈静、保湿など優れた美肌効果を持つドクダミ。ニキビケアや赤みケア、エイジングケア製品などによく配合されています。赤みを今すぐなんとかしたい！ なんてときには、シートマスクがおすすめ。JMsolution リリーフマイルドアシッドマスク／サン・スマイル

03

ビタミン

ハリ、ツヤ、透明感、毛穴、
多彩な肌悩みにマルチに活躍

肌の弾力を高めたり、毛穴を引き締めたり、透明感を出したりとにかく万能。韓国では洗顔料や美容液などにまぜるパウダータイプが人気。普段のスキンケアの美肌効果がアップするし、ビタミンC自体の鮮度もキープできます。ピュア ビタミンC 50% ブースティング パウダー 10g 1,800円／ドクターエルシア

高濃度なアイテムを
選んで使おう

04 ガラクトミセス

透明感とハリに満ちた
ヘルシーな肌に導く！

天然酵母の一種であるガラクトミセス。透明感やハリのケア、皮脂コントロールなどさまざまな美容効果が期待できます。ナイアシンアミドと組み合わせたエイジングケア美容液なども多数。この化粧水は、乳液などにまぜて使うのもおすすめ。肌の浄化ガラクトミセス化粧水150ml 1,390円／ABRC 韓国公式 Qoo10店

05 コラーゲン

エイジングケアに必須！
ハリとツヤに満ちた肌に

ハリとツヤの対策に最適。ラヴィアンのセットはフレッシュな生コラーゲンで効き目がビビッドなスペシャルケア用。魔女工場のクリームはデイリーケア用。右から、コラーゲンプロフェッショナルプログラム 30ml×1本、200mg×4本 17,600円／LAVIEN JAPAN　Vコラーゲンハートフェイスクリーム 50ml 3,800円／魔女工場

06 コンブチャ

注目度急上昇中のコンブチャで
つるんと輝く美肌に導く

美と健康に効く発酵食品としても人気のコンブチャ。最近では抗酸化作用や保湿、弾力アップなどを狙って化粧品にも配合されるように。このクリームはジェルっぽいテクスチャーで軽やか。水分不足でしぼんだ肌のお手入れに活躍。ビネガー コンブチャ ヴィーガン クリーム 75ml 3,960円／ジューストゥークレンズ

たとえば原宿と銀座ではメイクやヘアの傾向が違うように、

韓国もエリアごとにメイクの特徴は変わってきます。

この章では、今、韓国で人気の5つのエリア、

ソンスドン、ウルチロ、アックジョン、ホンデ、ハンナムドンの

メイクとヘアを徹底解剖!

キレイ系、カルチャー系、モテ系などエリアごとに異なる“キレイ”を紹介します。

Chapter 4

韓国で今、ホットなエリアの美を再現!

エリア別 なりきりMAKE&HAIR

성수동

ソンスドン

p.070

\ アナタなら、どのキレイを選ぶ？ /

韓国人気5エリアの メイクとヘアを徹底解剖！

上品なソンスドン、
ぷっくりとした涙袋で
愛らしさを演出するウルチロ、
美女オーラが漂うアックジョン、
トレンド感満載のホンデ、
そして個性が光るハンナムドン。
５つの街のイメージに
似合うメイクにぜひトライ！

p.078

을지로

ウルチロ

압구정

アックジョン

p.088

홍대

ホンデ

p.094

한남동

ハンナムドン

p.102

聖水洞

ソンスドン

くつ工場をリノベしたおしゃれなカフェなどが続々とオープンし、

現地の人たちからも注目が集まるホットなスポット。

ここにしかないショップもたくさんあるから、

これから韓国を旅するならマストで訪れてほしい！

カルチャー色も強く、日本でいうなら、清澄白河。

韓国で人気のモデルさんやインフルエンサーを目撃することも多く、

おしゃれ感度の高い、モデルのような美女が集う街なのです。

聖水洞の
おすすめスポット

シンプルでおしゃれなコスメたちに出会える

注目のヴィーガンコスメブランド“Kuoca”初となるフラッグシップショップ。イチ推しは、白トリュフ成分入りのスキンケア。

クオカ聖水
서울시 성동구 연무장길 29-1

高感度なセレクトショップが勢ぞろい

おしゃれな雑貨やインテリア、洋服などのセレクトショップが集う人気スポット。注目ブランドのポップアップも随時開催中！

LCDC SEOUL
서울시 성동구 연무장17길 10

聖水洞メイクの特徴って……？

ツヤをさらにアップデートさせた最先端のつるすべ肌！

ちょっと前のツヤッツヤな肌づくりから一歩進んだ、ライブリーなツヤが最大の特徴。
厚塗り感はもちろんゼロ。
しかも薄膜でメイクくずれもしにくい肌を最先端のクッションでつくります。
パーツメイクは毛流れの美しい眉やマットな唇で美人印象を意識して。

☑ 厚塗りしなくても
毛穴レスですべすべ！

☑ 内側から発光するようなほのツヤ肌を
みずみずしいクッションでメイク

How to make up "Songjeong-dong SKIN"

1
毛穴が気になる部分に ポア下地 を仕込む

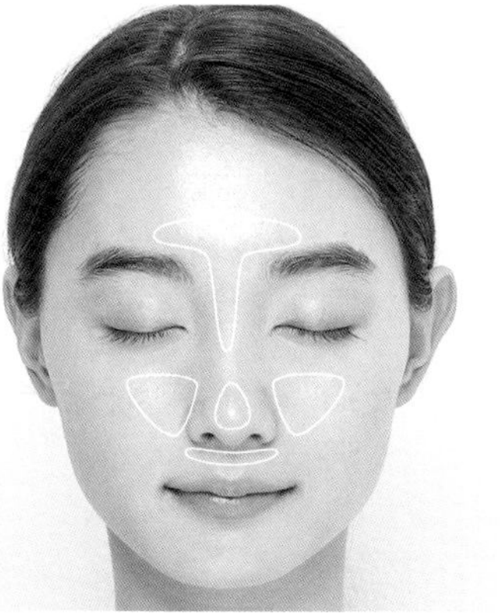

額、鼻筋、小鼻まわり、ほお、あご先など、毛穴が気になる部分にポア下地を薄く仕込む。

USE IT!
みずみずしいテクスチャーの下地。毛穴をしっかりカバー。アートクラス ウォータリーブラープライマー 30ml 1,800円 ／ too cool for school（too cool for school公式Qoo10店）

2
ピンク下地 で顔全体を トーンアップ

ピンクトーンの下地をブラシで顔全体に広げる。仕上げにスポンジでたたき込み均一に。

USE IT!
幸福そうな肌になるピーチピンク。保湿力の高さも魅力。ヴィーガンピーチ クリーム01 SPF30・PA++／アミューズ（私物）

3

目まわりのくすみはコンシーラーでオフ

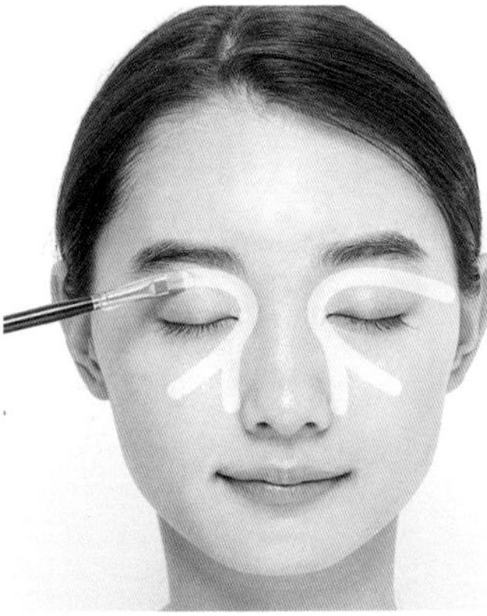

目頭周辺、アイホールのエッジにコンシーラーパレットの右下をのせ、くすみをはらう。

4

小鼻&唇まわりの赤みを明るい色で飛ばす

コンシーラーパレットの左上を赤みが気になる小鼻のわき、口角の下側にのせてカバー。

USE IT!

絶妙な色みと高い密着力で人気。上段がかためで下段がやわらかめなのも特徴。Bling Glow ミックスマッチコンシーラー 1,800円（編集部調べ）／Bling Glow

5
クッション は ごくごく薄めにオン

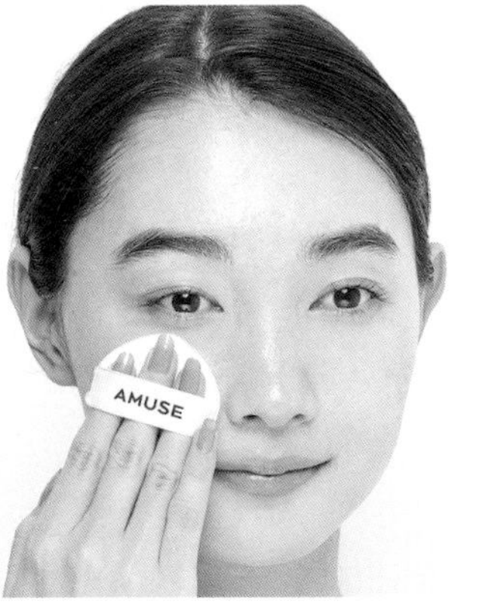

付属のパフを使って内側から外側に向かって
クッションファンデを薄く顔全体にオン。

6
くずれやすいところにだけ パウダー をブラシ塗り

ツヤを消さないため、パウダーは眉、目の下、
小鼻まわり、こめかみにブラシで少量オン。

USE IT!
くずれ知らずのさらすべ肌に。時間がたってもくずれにくい。メタフィットヴィーガンクッション SPF45・PA++ 3,740円／アミューズ

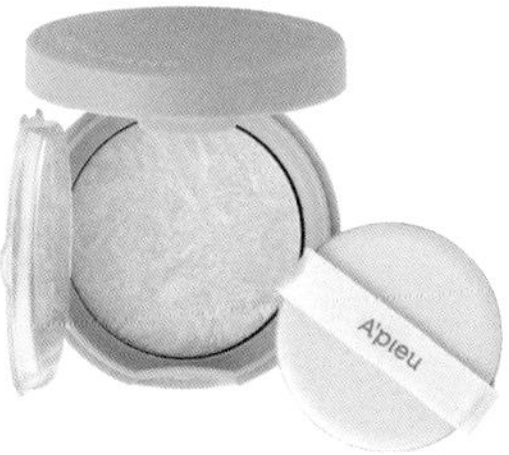

USE IT!
保湿成分を配合したしっとりパウダー。トーンアップも。アピュージューシーパン ジェリーパウダー 1,650円／アピュー（ミシャジャパン）

Songjeong-dong's other point

Face

ピンクチークを横長に
ぼかして甘いムードに

Eye

ベージュ系シャドウで
上品な彫り深アイを構築

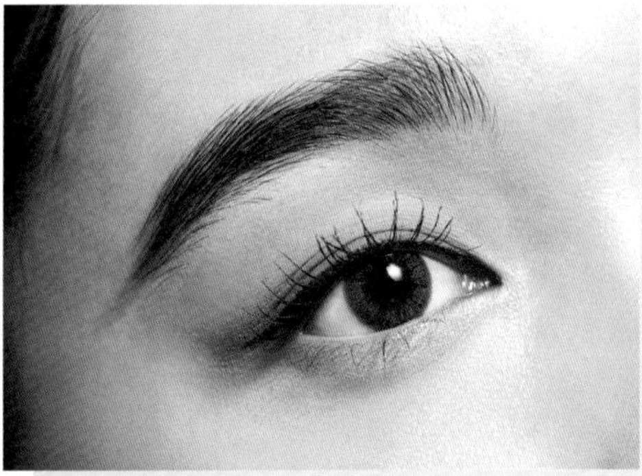

Lip

唇は洗練された印象になる
マットで深いカラーを

HAIR

聖水洞ヘアのつくり方

毛先はあえて出して、顔まわりを
タイトにまとめるカチモリヘア。
さらに前髪もオイルを
なじませてからなでつけ、
メイク同様、美女オーラを！

1 髪全体を片側に寄せてねじる

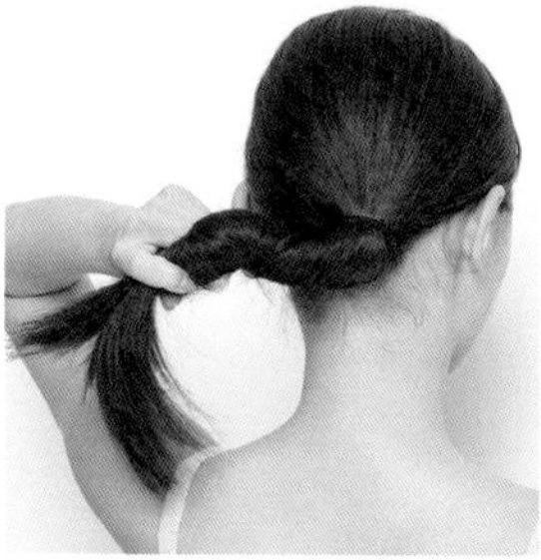

髪を片側に寄せてまとめたら、全体をキュッと強くねじっていく。

2 毛束をひとつにまとめる

毛束の根元を片手で押さえたら、その部分に巻きつけておだんごに。

3 おだんごをピンで固定

毛束の毛先はおだんごの中にしまわずに、全体をピンで留める。

4 オイルでなでつけてタイトに

オイルをおだんごの毛先、顔まわり、前髪につけ、タイトにまとめる。

乙支路

ウ ル チ ロ

日本でたとえるなら、下北沢とか高円寺、三軒茶屋みたいな

サブカルっぽさがあるのがウルチロ。

カルチャー好きの個性的&ちょっぴりクセが強めの

おしゃれさんがたくさんいるのが特徴。

イメージに近いのは、韓国で今大人気のNewJeansみたいな女の子。

日本人観光客がまだ少ないので韓国初心者さんはちょっとドキドキするけど、

おいしいカフェや老舗焼肉店もたくさんある注目エリア!

乙支路の
おすすめスポット

独特なインテリアとフルーツドリンクに注目

ウルチロらしさ満点なインテリアは必見。フルーツを使ったメニューが人気で、フルーツサンドやドリンクが◎。

文化社乙支路店

서울시 중구 을지로14길 20 2층

フルーツサンドが絶品のレトロムードカフェ

ドラマ「ヴィンチェンツォ」に登場したビルにあるカフェ。フルーツサンドは開店直後に売り切れるほど人気。

カフェホライン

서울시 중구 을지로 157 대림상가 3F 라열 351호

乙支路メイクの特徴って……?

ぷっくりとした涙袋と
上向きまつ毛で印象的な目元に

涙袋ライナーや大きめのラメで涙袋を強調し、
ブラウンシャドウで立体感を強調しつつまつ毛をしっかり上げて瞳に光を入れる。
ただ可愛いだけじゃない、単に濃いわけでもない目元を今っぽくつくることで、
強さとしゃれ感を両立できるのが乙支路という街に似合うメイク。

☑ まつ毛をしっかり上げて
マスカラで目の印象をきわ立たせる!

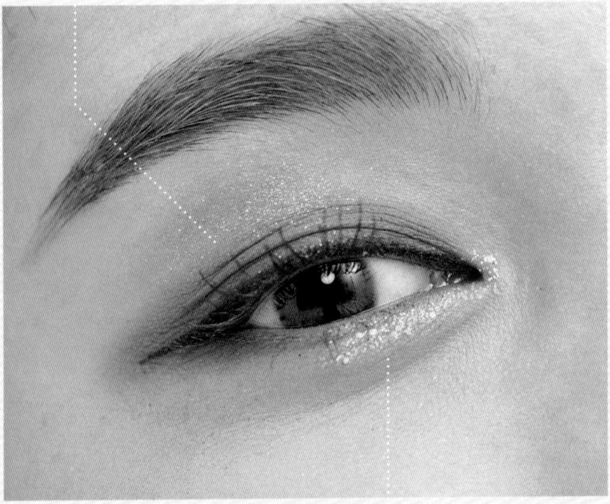

☑ スキントーンのラメで涙袋を
盛って、可愛さも欲ばる

How to make up "Euljiro EYE"

1
明るいベージュで まぶたのくすみをオフ

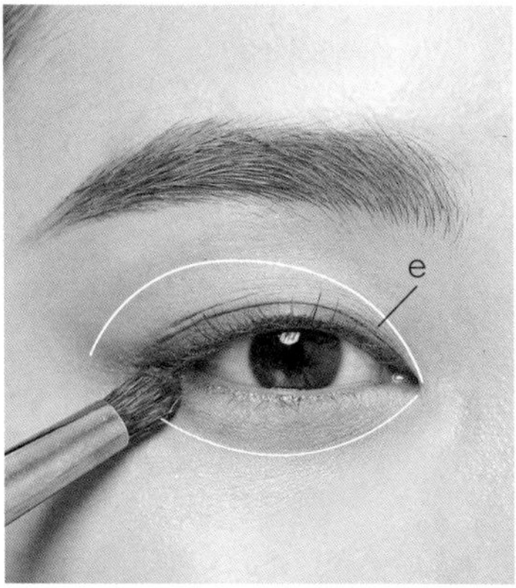

パレットのeを上まぶた全体と涙袋にオン。明るいベージュでまぶたのくすみをはらう。

2
影色で上まぶたの 彫りを深める

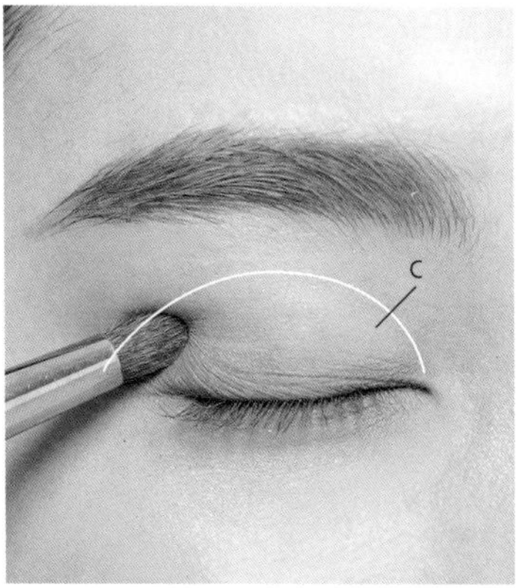

パレットのcを上まぶたのきわからアイホールまでオン。目尻は長めにして目幅を拡張。

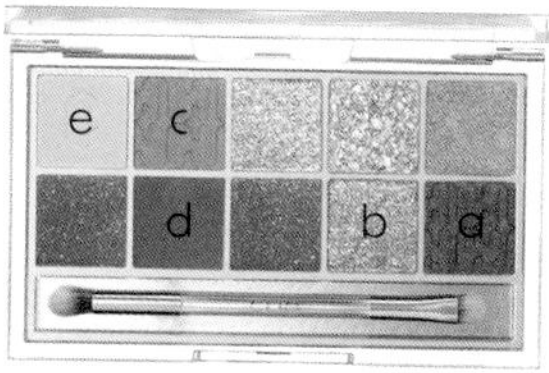

USE IT!

マット、パールなど多彩な質感のブラウンがイン。これひとつで目元の立体感は自在。プロアイパレット 02 3,840円／クリオ

3

目尻にブラウンを重ねて目の横幅を拡張

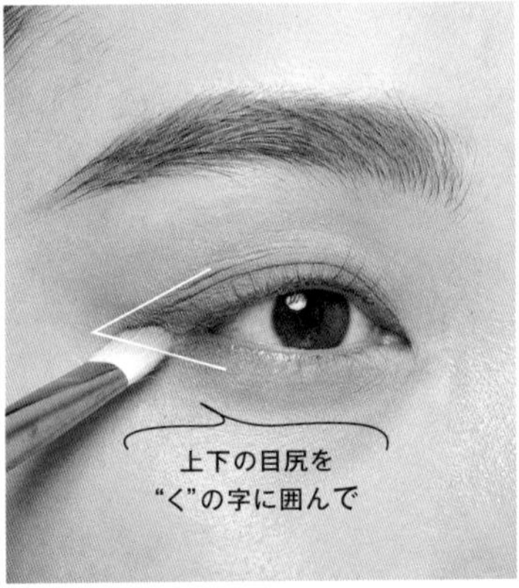
上下の目尻を
“く”の字に囲んで

パレットのｄをブラシで目尻の上下にオン。濃いブラウンを重ねることで横幅を広げて。

4

上まぶたのきわを濃いブラウンで締める

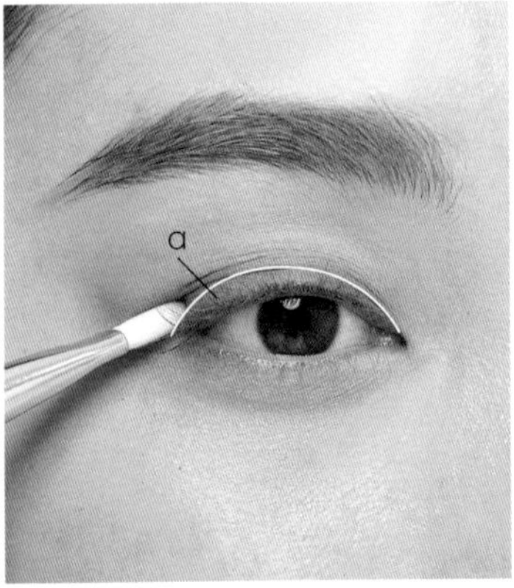
a

パレットのaを使って極細のブラシで上まぶたのきわを締める。ここでも目尻は長めに！

5
コンシーラーペンで涙袋に明るさをオン

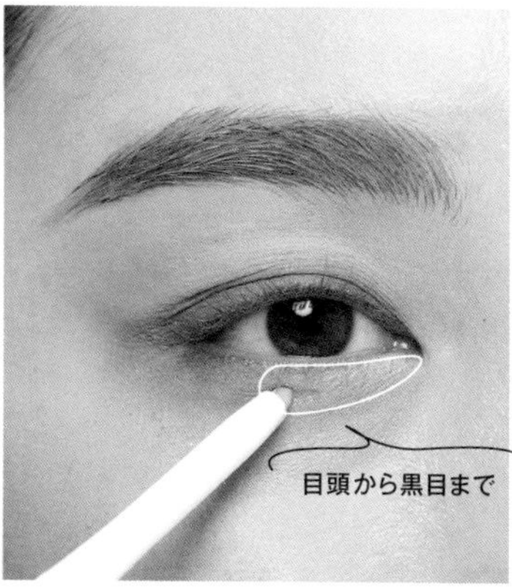

涙袋の目頭から黒目までコンシーラーペンでラインをオン。少し太めにするとぷっくり。

USE IT!

涙袋メイクに最適な微ラメ入りのスキントーン。スリムチップ キュート アイズメーカー 01 1,600円／Dear.A（ディアエー）

6
涙袋の下側のエッジに薄い影色でラインを引く

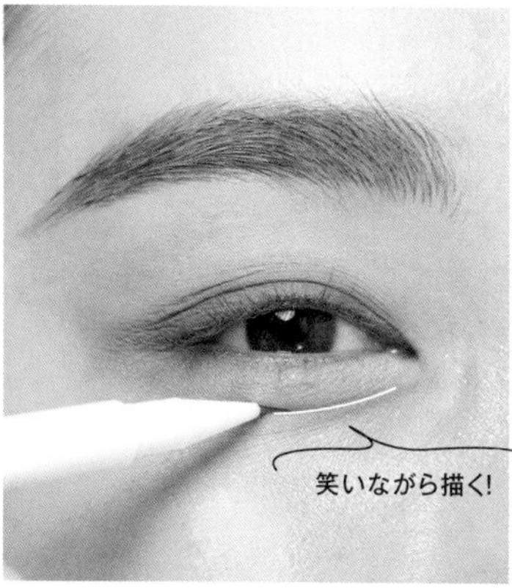

細いペンシルで涙袋の影をつくる。細いブラシを使い、極細のラインになるように。

USE IT!

リアルな影になるシアーなブラウン。筆先も極細。スリムチップ キュート アンダーアイズライナー 00 1,200円／Dear.A（ディアエー）

7

上まぶたの中央に きらめきをオン

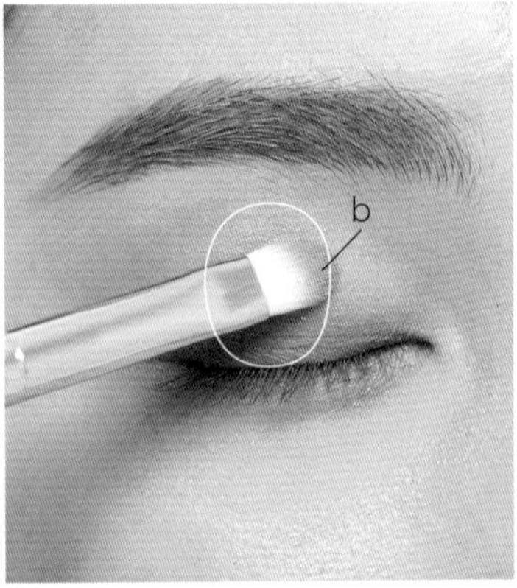

上まぶたの中央にパレットのbをオン。ここにラメの光をのせ目元の立体感をアップ。

8

上まぶたのきわに ラインを引く

上まぶたのきわにペンシルアイライナーでラインを引き、上まぶたのフォルムを整える。

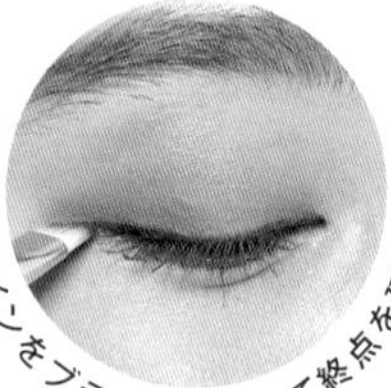

ラインをブラシでなぞって終点を延長

USE IT!

微細なラメ入りでしゃれたムードに。PERFECT DESIGNING EYELINER WATERPROOF PENCIL GLITTER ASH／ディアダリア（私物）

9

まつげを根元から上げて マスカラ をオン

目に光が入るようまつ毛を根元から上げてマスカラをたっぷり。下まぶたにも軽くオン。

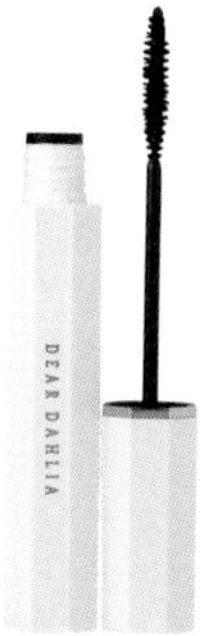

USE IT!

細いブラシと漆黒カラーでナチュラルにまつ毛を長く、濃く。PARADISE DREAM LASH DEFINING MASCARA／ディアダリア（私物）

10

専用ブラシで目頭横と涙袋にラメをプラス

ラメを専用ブラシにとり、目頭の横と涙袋の目頭から黒目までのせる。光の効果でぷっくり見える。

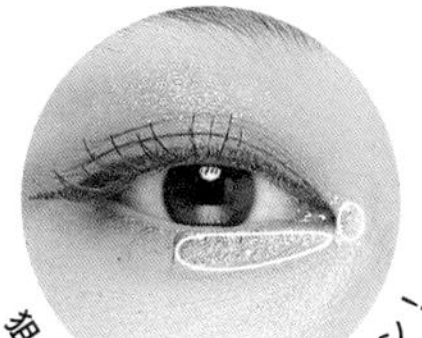

狙った部分だけにラメをオン！

USE IT!

強いきらめきを放つ、さまざまな大きさのラメ入り。グリッターシャドウ 00 1,400円／Dear. A（ディアエー）

Euljiro's other point

Cheek

オレンジベージュで
ナチュラル＆ヘルシーに

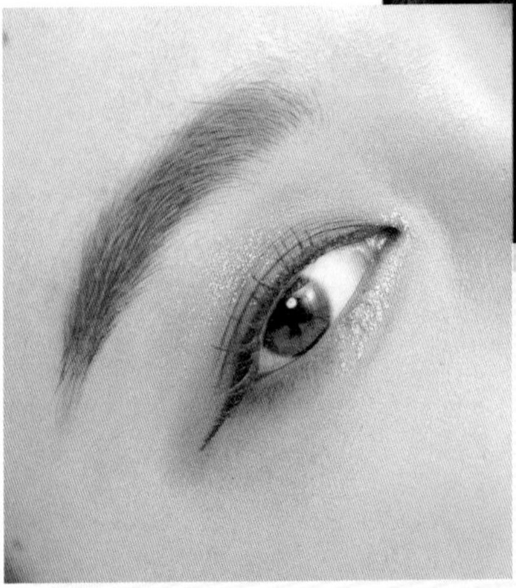

Eye

涙袋で中顔面を
短く見せることで、
大きくて印象的な目元に

Lip

唇の上をぼかし、
少し大きく見せることで
人中短縮＆
中顔面を小さく見せる

HAIR

乙支路ヘアのつくり方

雲（韓国語でクルム）みたいなふわふわカールのクルムヘア。ただおしゃれなだけじゃなく、“S”の字を描くカールでさりげなく小顔も狙って。

1 髪を上から3パートに分ける

3つに分ける
①
②
③

髪をセンターで分けたら、頭頂部からざっくり3等分にする。

2 いちばん下の③を巻く

“S”になるようにカールをつくる

26㎜のアイロンで毛先を外巻き、中間を内巻き、その上を外巻き。

3 前髪をつかんで立ち上げる

②も同様に巻き、ワックスをつけた手で前髪をつかんで立ち上げる。

4 ヘアミルクを髪全体にオン

手のひらにヘアミルクをつけたら髪全体にもみ込むように広げる。

狎鴎亭

アックジョン

アイドルやインフルエンサーなど美男美女が集まる華やかなエリア。
彼らも訪れるレストランやサロン、ショップなどが多く、
日本でいうと、表参道っぽい雰囲気があります。
そこに集うのはやっぱり、シャープなフェイスラインの小顔、
色っぽくて上品なカラーメイク、やわらかなニュアンスのロングヘアの美女ばかり。
だから、狎鴎亭にはいつもより気合いを入れたメイクとヘアで訪れたいもの。
なかでも小顔メイクはマストです！

狎鴎亭の
おすすめスポット

見た目も大人気のシェイク

美術館みたいな洋館でゆったりと過ごせるカフェ。イチ押しは大人気のコーヒーシェイク。見た目も味も抜群。

カフェムニ狎鴎亭本店
서울시 강남구 압구정로56길 16

クンダルの全アイテムが買えるカフェ

バスボムやキャンドルなどクンダルの全製品をチェックできる。ドリンクもスイーツもすべてフォトジェニック。

ベーカリー&カフェコーヒーbyクンダル
狎鴎亭ロデオフラッグシップストア
서울시 강남구 도산대로53길 39 1층

押鴎亭メイクの特徴って……？

韓国美女らしい小顔をかなえる ハイライト&シェーディング

西洋風のシェーディングでがっつり影をつける小顔メイクではなく、
ハイライトではおや鼻筋、口元にメリハリを足しつつ、バレないように
“V”ラインのシャープなフェイスラインへと仕上げるメイクを目指しましょう。
全体的に色っぽさも意識するのが成功の秘訣！

☑ シェーディングでエラを削りつつ
ハイライトでメリハリを強化

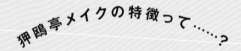

How to make up "Apgujeong V FACE"

1
フェイスラインと鼻まわりに シェーディング を

ペンシルタイプのシェーディングをフェイスライン、鼻筋の横、鼻先にのせたらスポンジで丁寧になじませる。

こめかみ上からあご先まで影色をオン

USE IT!

アイムマルチスティックデュアル／アイムミミ（サン・スマイル）

2
高さが欲しい場所に ハイライト をオン

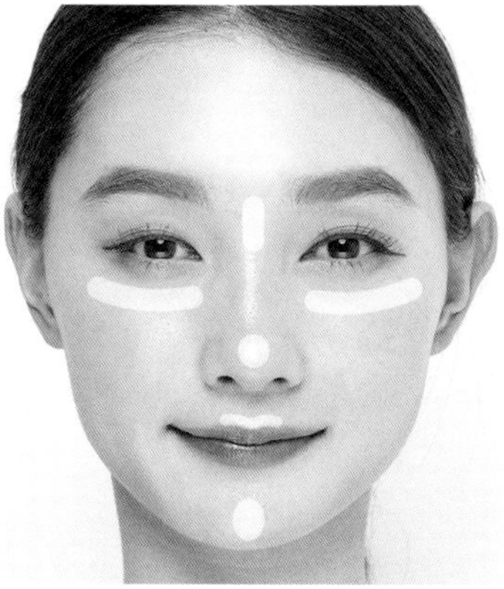

鼻根、鼻先、目の下、唇の山の上、あご先にハイライトをのせ、スポンジでなじませる。

Apgujeong's other point

Eyebrow

明るめ&長めの眉で顔の
余白をカバーして小顔に

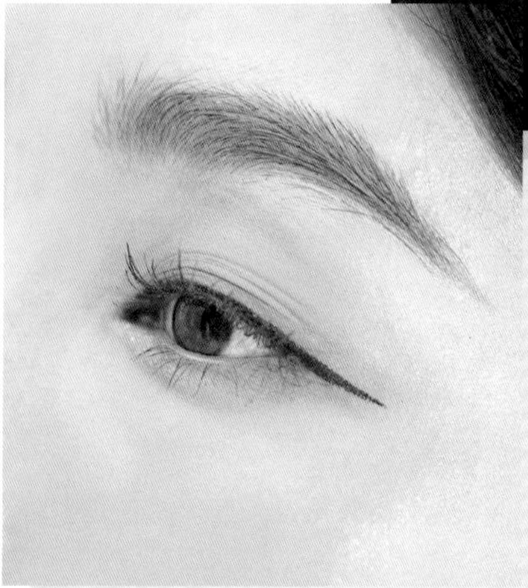

Eye

くっきり長いアイラインで
目の横幅を広げて
顔を小さく見せる

LIP

上唇の山に
ぷるんと高さを出して、
人中を短く見せて小顔に

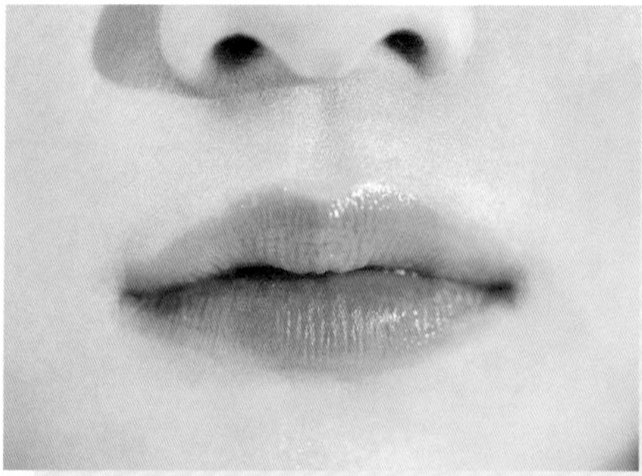

HAIR

狎鴎亭ヘアのつくり方

ソウル美女になるための
ベーシックなスタイルはヨシンモリ。
女っぽさの秘訣はサイドバングからつながる
毛先のS字カール。
アイロンでゆるやかなカールをつくって、
やわらかなニュアンスを。

1 平巻きで毛先を外ハネに

32㎜アイロンで平巻きにし、前髪以外の毛先をすべて外ハネに。

2 前髪にやわらかなカールを

前髪の根元と毛先の中間付近をアイロンで外巻きに。その後、毛先に向かってアイロンを滑らせながらはずすとキレイなS字カールに。

3 カーラーで根元を立ち上げ

19㎜のカーラーで前髪の分け目の根元を巻き、ドライヤーで温めてクセをつけ、立ち上げる。

弘大

ホンデ

学生さんも多く、流行が生まれる街。

日本でたとえるなら原宿みたいな弘大。

弘大駅周辺の延南洞《ヨンナムドン》エリアは今、とにかく話題！

おしゃれブランドのコンセプトショップや行列のできるパン屋さん、

グッドルッキングなスイーツが食べられるカフェ、

コスメのセレクトショップなど、見どころ満載。

エネルギッシュな街だから、行くだけで元気になれます。

弘大の
おすすめスポット

現地の人にも人気なおしゃれカフェ

弘大駅から少し離れたエリアにあるカフェ。コーヒーもケーキも絶品で現地の高感度な人たちでにぎわっている。

OUVERT HAPJEONG
서울시 마포구 잔다리로 43 1층

トレンドコスメを探すならココ！

他のエリアの店舗よりブラシなどのツールやトレンドコスメがたくさん。日本未発売の他国のコスメも充実！

シコル弘大店
서울시 마포구 양화로 147 1층

弘大メイクの特徴って……？

好感度アップ&
人中短縮口角上げリップ

韓国アイドルみたいな、ザ・可愛いメイク。特に意識すべきは、リップのぷっくり感。
口角を上げるラインを仕込むことでマリオネットラインが目立たなくなったり、
上唇をぷっくりさせることで、人中が短くなって小顔効果を得られたり、
可愛いだけじゃないメリットが！

☑ キュンと上がった口角と
ぷるんとしたボリューム感

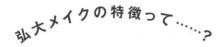

How to make up "Hongdae LIP"

1

輪郭より大きく マットなリップ をオン

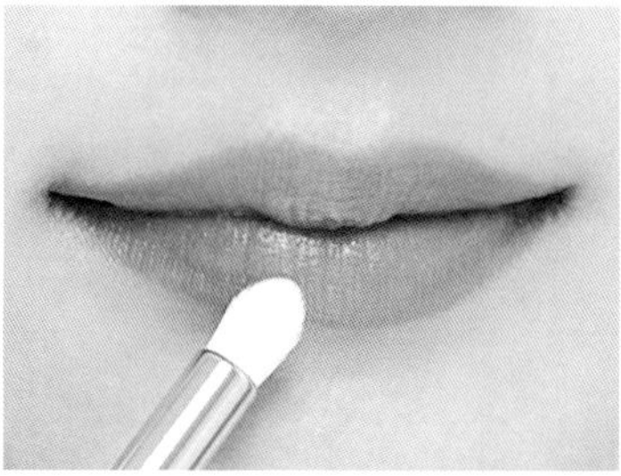

マットなリップを輪郭より大きく塗る。先端が丸い筆を使うと、アウトラインがふんわり仕上がる。

USE IT!

透け感のあるふわふわマット。肌なじみも抜群。ドットオンムードマット06／Heart Percent（私物）

2

アイブロウペンシル で口角を延長

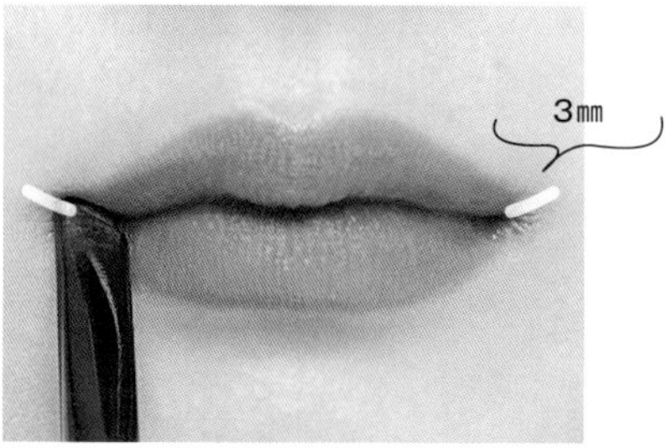

淡い色のアイブロウペンシルで左右の口角に3㎜のラインを描く。真っすぐではなく引き上げて。

USE IT!

斜めカットの芯で細いラインも楽々。口角ラインに最適な淡さも◎。キルブロー オートハードブロウペンシル4 2,400円／クリオ

3

口角ラインにリップを重ねてなじませる

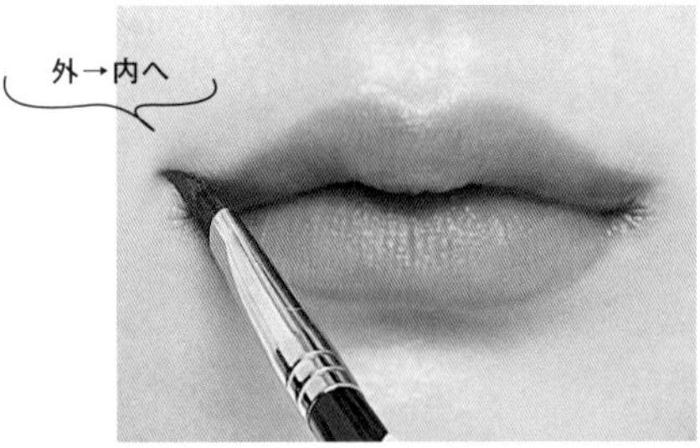

ペンシルで引いたラインを目立たなくするため、ブラシでラインにリップを薄く重ねる。

4

ツヤ系のリップを唇の中央部分に重ねる

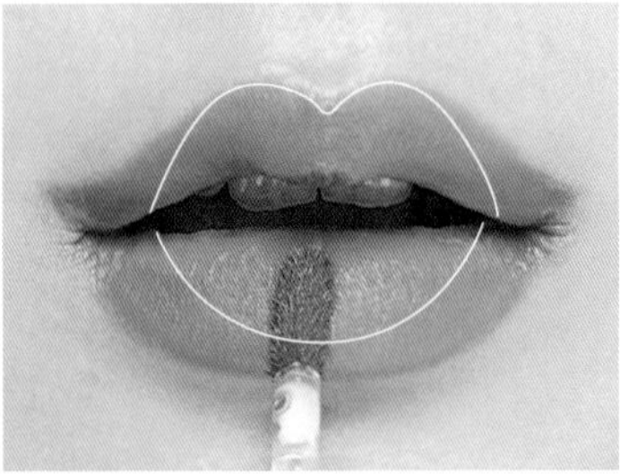

唇の中央にツヤを足し立体感をアップ。下唇は輪郭よりやや狭め、上唇は輪郭どおりに。

USE IT!

水彩画みたいな発色とみずみずしいツヤ。韓国のヘアメイクさんにも人気。インク ムード ドロップ ティント 01 1,200円／ペリペラ

口角上げリップ 完成マップ

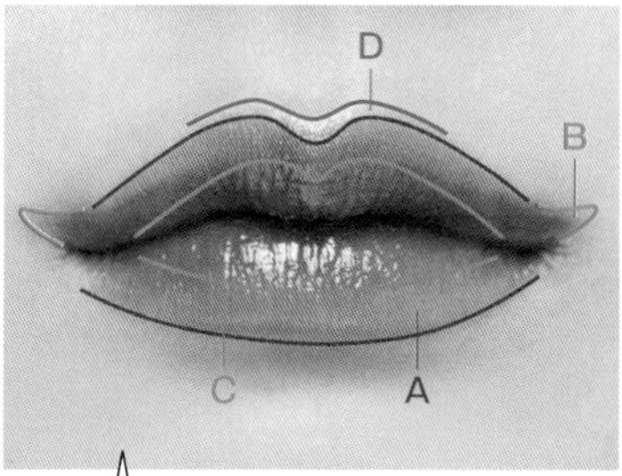

A. マットなリップスティック
B. アイブロウペンシル
C. ツヤ系リキッドリップ
D. ハイライト

5

唇の山の上に ハイライト をのせて、ボリュームアップ

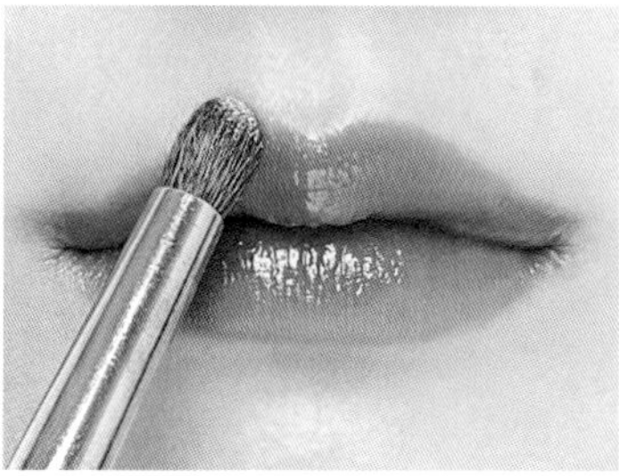

ハイライトパレットの右側を唇の山の上にブラシでオン。唇にぷるんとした厚みが出る。

USE IT!

透け感ある繊細なツヤのシマーグロウと健康的な輝きのパールグロウの2種類がイン。プリズム ハイライターデュオ 02 2,760円／クリオ

Hongdae's other point

Cheek

高い位置にチークをつけることで、
中顔面を埋め、人中短縮に

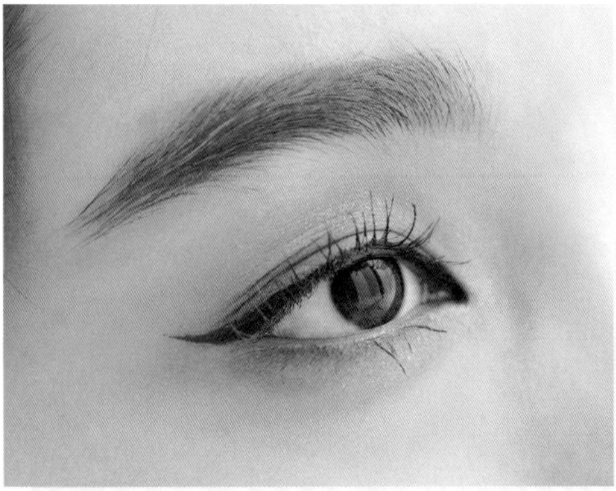

Eye

ナチュラルに
縦長に見せるシャドウで、
目元を大きくして
人中は短く

HAIR

弘大ヘアのつくり方

大きめのヘッドアクセなど、
キャッチーなアイテムをプラスして、
とことんキュートに。意外と簡単なのに
しっかりバランスがとれるのも、
韓国ヘアならでは！

1 トップの髪をひと束まとめる

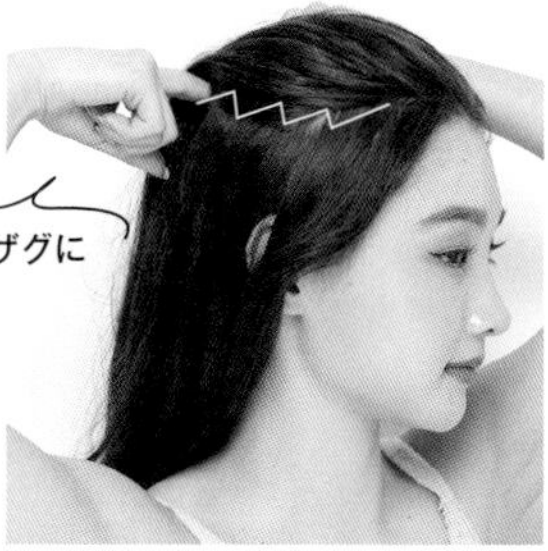

ジグザグに

生えぎわから頭頂部までの、額の
中央の約10㎝幅の髪をまとめる。

2 ねじってボリュームアップ

毛束の根元をねじり、指でトップ
の髪を引き出しボリュームを出す。

3 顔まわりの髪を外巻きにする

アクセサリーの問屋
nyn·nyn（ニュ・ニュ）
のリボンを使用

26㎜のアイロンで、サイドの髪を
外巻きにしてニュアンスを出す。

漢南洞

ハンナムドン

最近、急速に注目度が上がっているこのエリア。

日本でいうと代官山と六本木をミックスしたような雰囲気で

外国人も多く、国際色豊か。

多様なのは人種だけでなく、ジェンダー、ファッション、ショップ、

レストランなどもそう。すべてで自由なムードを満喫できます。

最近、韓国で話題のボディケアやインテリア、雑貨などのおしゃれなお店が多く、

韓国のインフルエンサーが自撮りしている姿が見られることも！

漢南洞の
おすすめスポット

アミューズのコスメがすべて試せます!

ブランド初となるフラッグシップショップ。買うだけでなくアミューズの世界観を感じながら全製品を試せる。

アミューズ漢南ショールーム
서울시 용산구 이태원로55가길 49 3층

ギフトにも最適なケアアイテムに注目

韓国で大ヒット中のライフスタイルブランドのショールーム。人気のハンドクリームや香水は見た目も優秀。

NONFICTION HANNAM
서울시 용산구 이태원로 242 1층

漢南洞メイクの特徴って……？

幼さと色っぽさを同時にかなえる
ピンクのツヤめきチーク

街のムードと同じく、メイクも自由な雰囲気。ちょっとくらい派手でもノープロブレム！
シャドウやリップはしっかり色をきかせてキュートに仕上げつつ、
３種類のチークを駆使して、フレッシュで色っぽくて、ハッピー感もある、
そんな若見えを手に入れて。

☑ 薄ピンク、ビビッドピンク、
ハイライトチークを駆使して
つやん、ぽわっとしたほおに

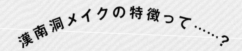

How to make up "Hannam-dong CHEEK"

1
薄ピンクを淡くのせ、高い位置にビビッドピンクを

aをほお全体に薄く広くぼかし、bをほおの高い位置のこめかみから鼻筋まで横長にオン。

2
目の下や鼻筋に光をオン

cを目の下、鼻根、鼻先に薄くのせる。ハイライトチークを重ねるとフレッシュなムードに。

a

USE IT!

パープルニュアンスを感じさせるベビーなピンク。イノセントな色づきのマットな質感。ベターザンチーク W01 1,320円／ロムアンド（韓国高麗人参社）

b

USE IT!

マット質感のビビッドピンク。3 CE NEW TAKE FACE BLUSHER # YOUTH PINK 2,490円／ 3 CE（STYLENANDA 原宿店）

c

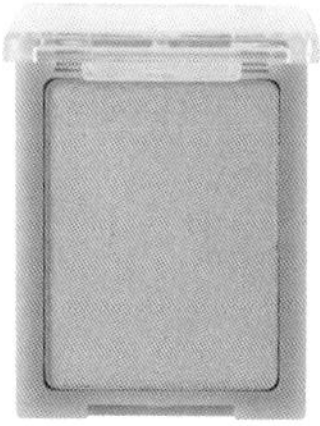

USE IT!

黄みの少ないピンクのハイライター。多色のラメがきらんと輝くツヤに。シースルーヴェールライター 02 1,430円／ロムアンド（韓国高麗人参社）

Eye

くすみローズとラメのツヤで
可愛さと色気を両立させる

Cheek

ピンクのツヤと
グラデーションで
血色感がアップし
若見え効果が

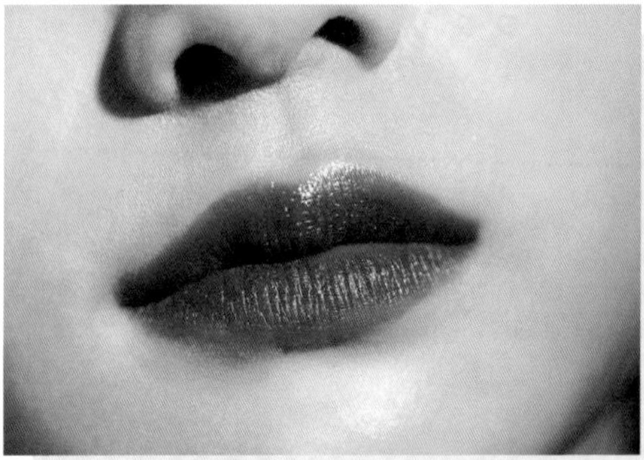

Lip

濃いめのリップで
顔が引き締まり
小顔&人中短縮効果も

HAIR

漢南洞ヘアのつくり方

つくり込んでいない、
こなれたムードが漢南洞ヘアには大切。
くっきりとしたウエーブはつくらず、
ウエットなタイトヘアで
個性を表現して。

1 ストレートアイロンでワンカール

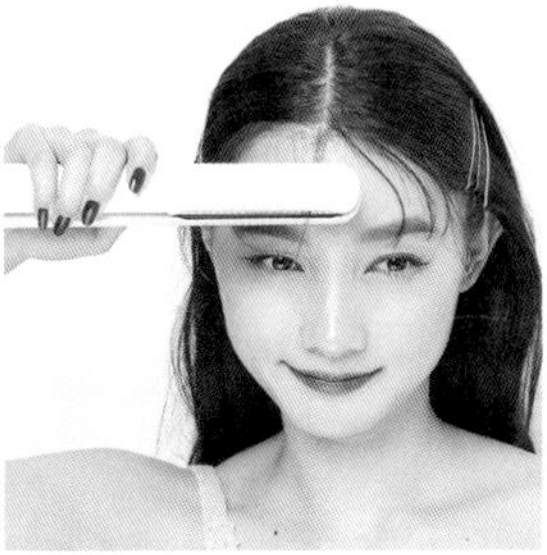

前髪を少量引き出しストレートア
イロンで毛先をワンカールさせる。

2 サイドの髪を外巻きにする

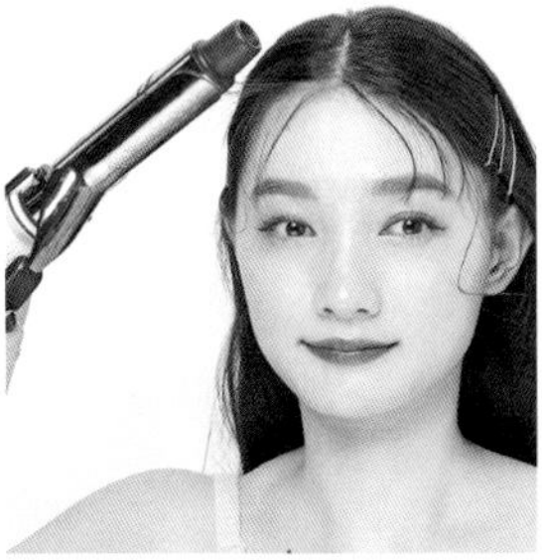

サイドの髪を少量引き出し、26㎜
のアイロンで外巻きにする。

3 前髪にオイルをオン

オイルをつけた指で前髪をつまむ。
全体にもオイルをなじませる。

4 タイトにまとめてピンを飾る

サイドの髪をタイトになでつけた
ら、耳の上でピンを留める。

Special interview

イ・ジンス×George

スペシャル対談

細やかなベースづくりこそ韓国美肌の秘訣

Ｇｅｏｒｇｅ初の韓国書籍発売を記念して、ＨＥＲＡのヘアメイクアップアーティストのイ・ジンスさんとのスペシャル対談が実現！　韓国と日本のメイクの違いなど、現地のヘアメイクにしかわからない貴重な情報を聞いてきました。

イ・ジンスさん　以前は韓国と日本とで、ベースメイクの仕上げ方や眉やまつ毛のメイクなどにけっこう違いがあったのですが、最近ではトレンドに関してそこまで違いがなくなったように感じています。

Ｇｅｏｒｇｅ　日本では数年前から韓国メイクやコスメがブームで参考にする人も多いですしね。ただ日本ではベースメイクでも時短が人気だけど、韓国では時間をかけて丁寧に肌づくりをする、そこが違うのかなと思っていました。

イ・ジンスさん　韓国でもクッションの流行によって、1アイテムでマルチにいろんな肌が表現できるようになり、時短という概念が生まれた気がします。

Ｇｅｏｒｇｅ　韓国はクッションファンデが充実していますよね。以前、韓国出張で初めてクッションファンデを使ったとき、本来はさまざまな工程を経なければ表現できないキメが整った肌をひと塗りで実現できて、衝撃でした。

イ・ジンスさん　最近韓国ではマスクをそこまでしなくなったのでリキッドファンデをしっかり塗るベースメイクも人気です。特に人気なのは、セミマットです。

George　私が韓国っぽい肌をつくりたいと思ったとき、いつも頼るのがセミマットな肌になれるHERAのシルキーステイファンデーションなんですよ。

イ・ジンスさん　ベースメイクの前にはスキンケアで肌をしっかり整え、下地やファンデは少量。くすみや赤み、ニキビなどのトラブルだけをコンシーラーでカバー。軽さをキープしつつ、光沢もあるのにキメの細かいルミナスマットに整えるのがトレンドです。

George　日本では韓国=ツヤ肌というイメージが根強いけど違うんですね。

イ・ジンスさん　〝水光肌〟のようなアイドルメイクの人気は下火。NewJeansの子たちみたいなナチュラルなメイクが最近は注目されていますね。

George　ジンスさんがメイクされる際、大事にしているのはどんな点ですか?

イ・ジンスさん　トーンアップベースや明るめのファンデを使って立体感を表現することです。最近はモデルさんや俳優さんたちが肌管理にかなり気を使っているので、その人の肌を生かしたベースづくりが可能に。厚塗りのベースだと誰でも同じような顔になってしまうけど、薄肌なら個性を表現できるんです。

George　スキンケアって、すごくメイクに影響しますよね。韓国の美容液を複数使ったりする丁寧なスキンケアを、日ごろから私も参考にしています。

イ・ジンスさん　肌の水分量が上がればメイクのもちもよくなりますしね。

George　日本でもこういうケアが定着してほしいですね!

イ・ジンスさん　実はまもなく正式にHERAが日本進出する予定なんです。もっと製品が手軽に手に入るようになるし、魅力的な新製品も続々。お楽しみに!

Profile

イ・ジンス

韓国の人気女優やモデルからの信頼が厚い、
カリスマヘアメイクアップアーティスト。
韓国のみならず世界中のメイクトレンドに
詳しく、HERA製品の開発を手がけている。

ジンスさん&Georgeの

おすすめHERAアイテム

薄膜でいてパーフェクト。そんな理想の韓国美肌を表現できる
HERAの優秀アイテムを厳選しました。
スキンケアからファンデーション、リップまで名品ぞろいです！

高い保湿力と軽やかさを両立する優秀クリーム

「メイクの間じゅう、保湿感が続くのにベタつかない！　軽やかなテクスチャーだからプライマーやファンデーションを重ねるのに最適です」(George)　HERA HYDRO-DEW PLUMPING CREAM 50ml 62,000ウォン

女優さんのメイク前にも活躍するアンプル美容液

「ウォータードロップとアンプル、クリームの3ステップで、丁寧に時間をかけたような肌に仕上がります。撮影でもよく使います」（ジンスさん）　HERA HYDRO-DEW PLUMPING AMPOULE 50ml 62,000ウォン

化粧水がわりにも使えるパワフル保湿の美容液

「スキンケアの最初に。キメを整えるAHAやうるおいをチャージするヒアルロン酸複合体を配合。スルッと肌に入り込むような感触でもちもちに」(George)　HERA HYDRO-DEW PLUMPING WATER DROP 50ml 60,000ウォン

肌に上質なツヤを宿す
繊細なパールを配合

「パール配合のパウダー。ファンデでセミマットに仕上げ、このパウダーでツヤをほんのり足すのが好きです」(George)　HERA SOFT FINISH LOOSE POWDER 15g 60,000ウォン

素肌そのものがキレイに装える
ルミナスマットなリキッド

「韓国で注目されているルミナスマットな仕上がりに。軽いのにカバー力もしっかり」(George)　HERA SILKY STAY 24H LONGWEAR SPF20・PA++ 30g 68,000ウォン

軽いテクスチャーで
心地よいやわらかさが続く

「スティックはベースに最適。リキッドは旬のカラーで◎」(George)　右から、HERA SENSUAL POWDER MATTE LIPSTICK 3g 40,000ウォン、HERA SENSUAL POWDER MATTE LIQUID 5g 各37,000ウォン

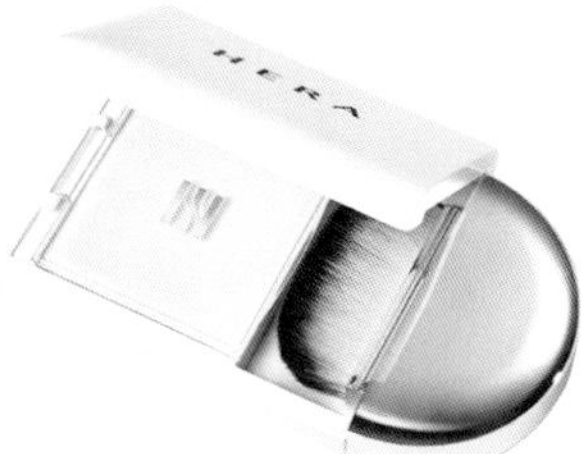

下地にも、メイクの上からでも使える
プライマーパウダー

「パウダーのプライマー。顔全体や皮脂の出やすい部分にのせておくと一日中サラサラ。メイク直しにもおすすめ」(ジンスさん)　HERA AIRY POWDER PRIMER 8.5g 60,000ウォン

世界から“美容大国”と呼ばれるだけあって、

韓国にはまだまだ美容にまつわる優秀なアイテムがいっぱい。

この章では、理想のフェイスラインをつくる美顔器やかっさをはじめ、

エイジング対策、ダイエット、美肌と、

体の内側からキレイを整えるインナーケアアイテムをご紹介。

さらに全身抜かりなく整えるボディケア、ヘアケアなど

キレイを底上げするアイテムをピックアップします。

Chapter 5

ヘア、ボディ、そして内面からも……

韓国美に近づける ツール&アイテム図鑑

ELECTRIC FACIAL MACHINE

美顔器でもクリニック級の効果を得られるのが韓国!

最近、日本でも愛用者が急増中の韓国発の美顔器。EMSや導入といった定番人気の機能から、ダーマペンなどクリニックでおなじみの施術ができるものまで、どれもクオリティが高い!

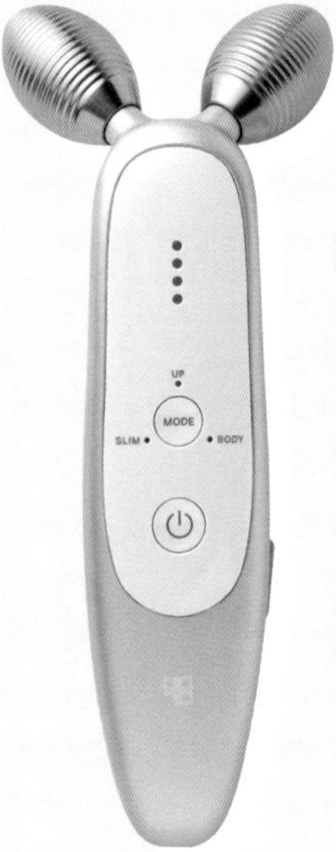

medicube《メディキューブ》

コロコロするだけで気になる部分がシュッ!

「EMSで表情筋にアプローチする美顔器。私はシートマスクの上から使っています。たるみが気になるほうれい線やフェイスラインのリフトアップに最適!　即効性が欲しい人にぜひ使ってほしいです」エージーアール 44,000／メディキューブ

ピリッとした刺激を感じる!

ELFACE《エルフェイス》

リフトアップも美肌も!多彩に使えるマルチな一台

「コンパクトボディにリフトアップほかトーンアップ、導入など、多彩な機能を搭載。特にむくみが気になるときの威力がスゴイ!ジェルなどの専用コスメが不要で、メイクの上からも使用OK」エルフェイス／私物

medicube《メディキューブ》

毛穴やくすみ、色素沈着。多彩な肌悩みにアプローチ

「クリニックでも人気の“ダーマペン”が家でできる美顔器。独自開発のハリを使わない形状で、お手入れの浸透率アップや毛穴ケアがかないます。クリニックと違って、ダウンタイムがないのも魅力」ダーマエアショット 44,000円／メディキューブ

KASSA《かっさ》

顔も体もむくみレスになれるかっさ人気が韓国で再燃中

ここ数年、オリーブヤングなどにも専用コーナーができるなど、韓国ではかっさが大人気。手でマッサージするより確実にコリを狙えて、老廃物をしっかり流せるところが魅力です。

魔女工場《マジョコウジョウ》

摩擦レス&コンパクトなサイズでどこでもケアできる

「つるんとしたかっさは肌に摩擦の刺激を与えることなく使えます。小さめなので握りやすく、適度な圧を加えやすいのも魅力。美容スティックを塗った上から使ってます」Vコラーゲンハートフィット かっさ 1,800円／魔女工場

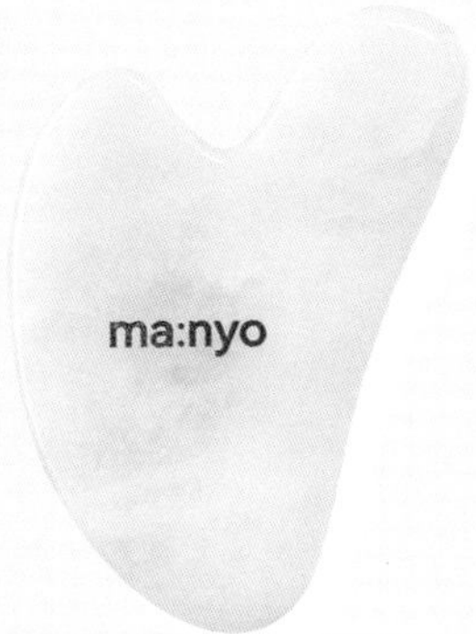

withオイルで保湿ケアまで!

AROMATICA《アロマティカ》

木のぬくもりと精油の香りでリラックスしながらボディケア

「木製のかっさは軽いのでボディなどの広い部分に最適。オイルは香りが秀逸で気持ちが落ち着く」左から、アウェイクニング ボディオイル ペパーミント&ユーカリ、かっさ／ともに私物

fillimilli《フィリミリ》

ハートのカーブが二の腕やふくらはぎにジャストフィット

「ちょっぴりいびつなハートのカーブ部分がふくらはぎや二の腕にピタリとフィット。ローションを塗って滑りをよくしてから使います。頭や首筋のツボ押しに使う際は疲れ具合に合わせて当てる部分を変えて」Vフェイス かっさ 1,250円／Oliveyoung_Official Qoo10店

INNER BEAUTY《インナービューティ》

自宅のみならず外出先でもインナーケアを忘れないのが韓国流

乳酸菌などの腸活系はじめダイエット、コラーゲンに女性ホルモン……などなど、
種類が豊富なだけでなく、外出先などでも“サッと飲める”タイプが多いのも
韓国のインナーケアアイテムの特徴です。

2
おきかえダイエットの友

LAVIEN《ラヴィアン》

1
スタバで買えるコラーゲン

STARBUCKS《スターバックス》

甘ずっぱい香りも魅力

4
お茶でエイジング対策！

ISOI《アイソイ》

3
体が軽くなるブレンドティー

LAVIEN《ラヴィアン》

1「韓国のスタバで人気のシェイクシリーズ。パウチに直接水か豆乳を入れて作るシェイクは、ざくろやビーツなど女性にうれしい栄養素とコラーゲン入り。朝食がわりにする人も多い」コラーゲンレッドフードシェイク 40g／私物
2「黒豆、きなこ、オーツ麦などが入っていてタンパク質や大豆イソフラボン、食物繊維、ビタミンなどがバランスよくとれます。ダイエット時のおきかえ食に最適」パーフェクトブラックビーンバランス 40g×7袋 4,900円／LAVIEN JAPAN　3「体の重さを感じたときには水分補給をこれにスイッチ。かぼちゃやきくいも、とうもろこしなど、韓国で美に効くといわれている成分をギュッと配合したブレンドティー。ノンカフェイン、ノンシュガー、ノンカロリーで安心」パーフェクトVバランス 30包 3,300円／LAVIEN JAPAN　4「アイソイの新ブランド、TEAFERANCE。シグニチャーアイテムであるパープルティーはレモンマートルやゴジベリーなどをブレンド。アントシアニン豊富でお茶を楽しみながらエイジングケア！　韓国ではカフェもあります」TEAFERANCE PURPLE BLENDING　パープルティー／私物

食べすぎたときのお助け酵素

6 バナナ風味でノーストレス！

MAROCELL《マロセル》

5 モデルにも人気のダイエット韓方

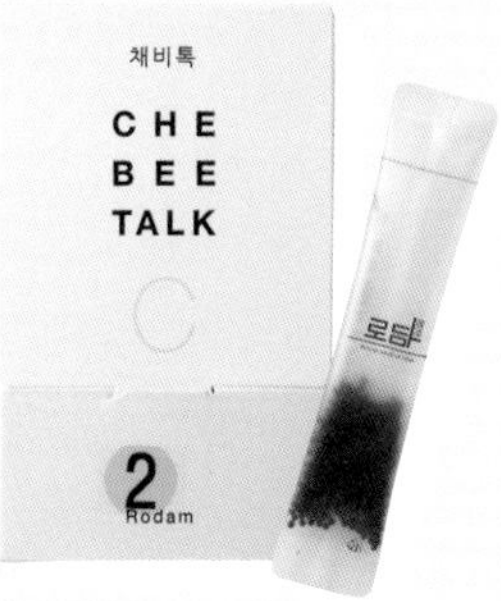

로담한방클리닉《ロダムカンポウクリニック》

7 便秘しがちな人におすすめ

로담한방클리닉《ロダムカンポウクリニック》

9 無味無臭の乳酸菌サプリ

BYO《ビビゴ》

8 韓国で人気のコンブチャ

MAROCELL《マロセル》

5「モデルさんにも大人気の韓方ダイエット薬。飲むと食欲が抑えられ、代謝も上がって汗がめちゃくちゃ出ます。ビビッドに効くぶん、服用にはカウンセリングが必要。効き目の強さも1から5まであり」チェビトッ 二段階 60包 270,000ウォン／ロダム韓方クリニック　6「水いらずでそのまま飲めるバナナフレーバーの酵素。ついつい食べすぎちゃう旅行中でもこれを飲むとすっきり！　乳酸菌入りでお通じもよくなる」ププエンザイム 10包 2,300円／Marocell (MAROCELL JAPAN)　7「ダイエット中に起こりがちな便秘対策におすすめ。便通がかなりよくなるので、もともと快便な人は量を調節して飲むといいかも。チェビトッと一緒に飲む人も多い」浄化丸 30包 120,000ウォン／ロダム韓方クリニック　8「手軽に飲めるパウダータイプ。コンブチャ特有のクセが苦手な人でも、これはベリーっぽい甘ずっぱいフレーバーで飲みやすい。乳酸菌、酢酸、ビタミンCなど美と健康に役立つ成分がたっぷり」スウィート&サワー コンブチャ 10包 1,700円／Marocell (MAROCELL JAPAN)　9「無味無臭なので青汁やみそ汁に入れて飲んでます」BYO 植物性乳酸菌 100億／私物

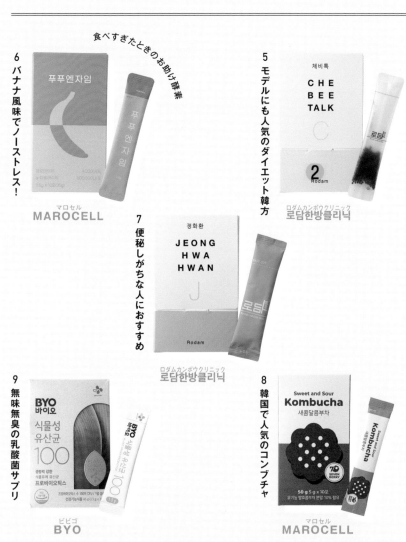

BATH&BODY《バス＆ボディ》

ジェンダーレスに使えるしゃれたパッケージも魅力的！

ジェンダーレスなデザインでシェアコスメとしても優秀なスタイリッシュなパッケージの
バス＆ボディケアアイテムがここ数年増えています。
もちろん、保湿力などコスメとしての実力もしっかり！

ジェンダーレスに使えます！

sisology《シソロジー》

**リラックスムードな香りは
疲れた日に使いたい**

「延南洞《ヨンナムドン》にあるおしゃれなライフスタイルショップのボディケアアイテム。このボディローションは名前のどおり、リラックスに誘うような優しい香りとみずみずしいテクスチャーが魅力です」シソロジー ON THE SOFA BODY CLEANSER／私物

NONFICTION《ノンフィクション》

**今、話題の韓国ブランド。
パケと香りのよさはピカイチ**

「漢南洞エリアにあるボディケアアイテムと香水で人気のショップ発。パッケージがシンプルでおしゃれだし、オリエンタルな香りもいやされます」右から、ガイアックフラワー ボディローション、同 ボディウォッシュ／私物

on hope《オンホープ》

**さわやかなシトラス系の
香りで気分もリフレッシュ**

「春夏におすすめなシトラス系のさわやかな香り。単にさっぱりしているだけじゃなく、ムスクやホワイトフローラルの香りも感じさせるため、大人の女性でも楽しめます。保湿効果ももちろんバッチリ！」on hope ボディローション SO, FRESH／私物

KUNDAL《クンダル》

体の芯まで温めて
保湿効果も抜群!

「お湯に入れると心地よい香りとシュワッと細かな泡が発生。保湿力の高いオイル入りでしっかり温まり、保湿もかなう」バブル&スパークリングバスボム アカシアモリンガ／私物

KUNDAL《クンダル》

ホワイトムスクの甘～い
香りにテンションが上がる!

「ヘアケアなどでも人気のクンダルのバスボムは見た目が可愛いのでギフトにも。甘い香りでテンションアップ」バブル&スパークリングバスボム ホワイトムスク／私物

韓国で注目が高まるフェムケア

日本でも関心が高まりつつあるフェムケアは韓国でもブームの予感。
新作アイテムが続々とリリースされています。

デリケートゾーンの乾燥対策に

LACTO REMEDY《ラクトリーメディ》

「年とともにデリケートゾーンも乾燥するため、補うべくうるおいをチャージするジェル。1回分ずつ個包装になっているから衛生的! 注射みたいに注入します」LACTO REMEDY レディインナーケアジェル／私物

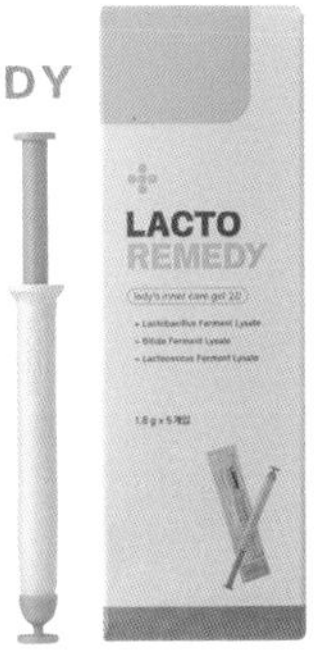

弱酸性の低刺激ソープ

AROMATICA《アロマティカ》

「デリケートゾーンの洗浄に最適な弱酸性。植物由来の界面活性剤を使用のきめ細かな泡がプッシュするだけで出てくのも魅力」アロマティカ ピュア&ソフト フェミニンウォッシュ 170ml 2,990円／Aromatica_Official Qoo10店

HAND CARE《ハンドケア》

香り、保湿力、使用感……すべてが優秀でこそ韓国!

コロナ禍で手洗いや消毒の機会が増えたこともあり、
ハンドケアアイテムの充実ぶりがすごい!
リッチにうるおうけど感触はサラッ。しかもルックスもおしゃれと進化が止まりません。

エキゾチックな香りのウォッシュ

1 スタイリッシュなデザイン

EATH LIBRARY《イースライブラリー》

2 ベタつかないのにしっかりうるおう

NONFICTION《ノンフィクション》

3 ブラックのパケがクールな表情

EATH LIBRARY《イースライブラリー》

4 香水がわりに使えるほどいい香り

GRANHAND.《グラハンド》

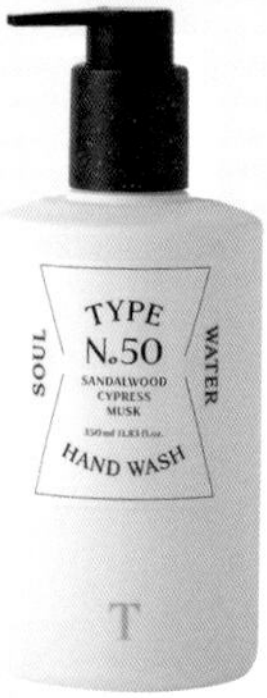

5 何回洗っても乾かない!

TYPE No.《タイプナンバー》

1「韓方を配合したハンドウォッシュ。ムーンライトガーデンは、お香のようなエキゾチックな香り」EATH LIBRARY ナリシング ハンドウォッシュ ムーンライトガーデン/私物　2「シアバターとビタミンE配合、乾燥から手指をガード。韓国のSNSでもバズっている人気アイテム」ノンフィクション ガイアックフラワー ハンドクリーム/私物　3「1のハンドウォッシュと同じ香り。かなりサラッとしている感触だけど、保湿力もパーフェクト。シンプルでクールなパッケージと甘くない香りは男性にプレゼントしても喜ばれます」EATH LIBRARY ハンドクリーム ムーンライトガーデン/私物　4「オーダーメイドな香りがつくれる、韓国のフレグランスメーカーのハンドクリーム。“香水ハンドクリーム”と呼ばれるほど香りがよく、かつ香りが持続。香りを楽しみながらハンドケアができます」GRANHAND. ハンドクリーム LUCIEN CARR/私物　5「洗浄成分のほかにホホバオイルなどを配合。1日に何回手を洗っても乾きません」TYPE No.　ハンドウォッシュ サンダルウッド・サイプレス・ムスク/私物

BAR ITEM《バーアイテム》

脱プラスチックにも役立つバーアイテムが急増中

環境問題への関心が高い韓国では、プラスチック削減にもなる
バーアイテムを扱うコスメブランドが増えています。
一見使いにくそうだけど、泡立ちもよいし、コスパも優秀。

4 髪にも環境にも優しいヴィーガンシャンプー

JUICE TO CLEANSE《ジューストゥークレンズ》

5 サラサラの軽やかな仕上がり

JUICE TO CLEANSE《ジューストゥークレンズ》

6 肌が敏感なときにも大活躍

AROMATICA《アロマティカ》

1 ボディのハリ感アップもかなう

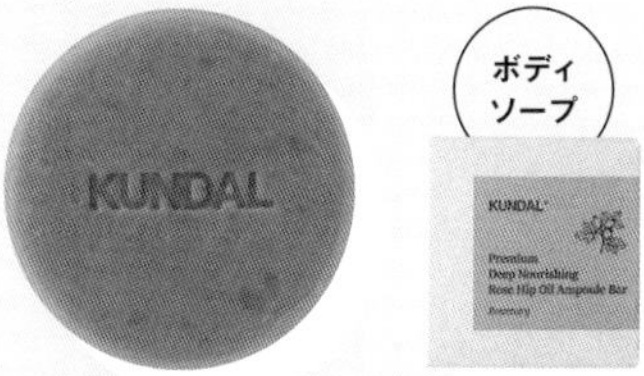

KUNDAL《クンダル》

2 驚くほど泡立ち良好!

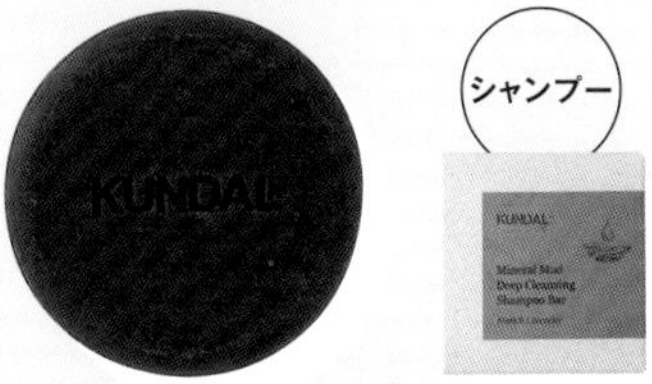

KUNDAL《クンダル》

3 つるんとなめらかな髪に

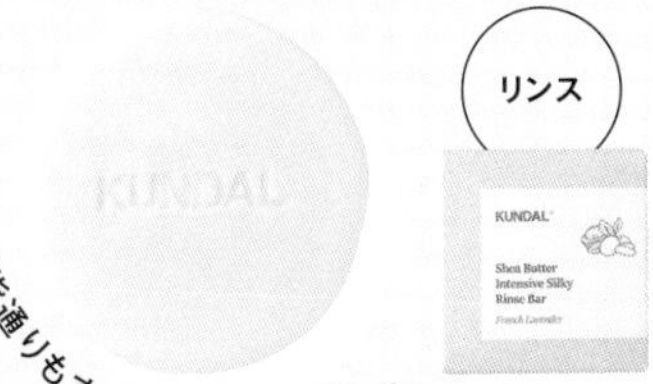

髪が絡まず指通りもするん!

KUNDAL《クンダル》

1「ローズヒップオイル入りの体用ソープ。洗うたびに肌のハリ感を感じられます。乾燥は感じないけど、ヌルつきもなくバランスのいいアイテム」クンダル プレミアムボディソープバー／私物　2「液体シャンプーと比べて遜色ないくらい泡立ちがいい。フレンチラベンダーの香り」クンダル シャンプーバー／私物　3「これは泡立てず、ぬれた髪に直接こすりつけて使います。驚くほど髪がつるんと、なめらかに」クンダル リンスバー／私物　4「こちらも泡立ち優秀。なのに頭皮が敏感に傾いているときでも安心して使える低刺激」ジューストゥークレンズ クリーンバター シャンプーバー 1,980円／ジューストゥークレンズ　5「コールドプレス製法で作られたオイルを使用。サラサラの軽やかな仕上がりが好きな人におすすめ」ジューストゥークレンズ クリーンバター ヘアパックバー 1,980円／ジューストゥークレンズ　6「ローズウォーターとローズクレイ入り。香りを楽しみながら洗顔できる。肌が敏感なときにも◎」アロマティカ リバイビングローズフェイシャルクレンジングバー／私物

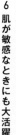

EPILOGUE

おわりに

今から17年ほど前、肌が弱く、なかなか自分に合う化粧品に出会えなかった私が、韓国の発酵コスメに出会って驚くほど肌が改善されたのが韓国にハマったきっかけ。その後、韓流ドラマにハマり、アイドルなどのパフォーマンスにハマり……。さらに元来のオタク気質&コスメ収集癖が爆発して、韓国のスキンケアやメイクアイテム、ボディケアやヘアケアアイテム、ブラシなどのツールなどを集めているうちに、どんどんその魅力の沼にハマっていきました。気がつけば、撮影が立て込んでどんなに疲れていたとしても、2日間休みが取れたら即、韓国に飛ぶ！という暮らしに。ここ数年は単に観光や買い物をするだけでなく、現地のヘアサロンで髪を切ってみたり、韓国アイドルのヘアメイクさんにヘアメイクをしてもらったりして（韓国にはそういうシステムもあるのです）、お仕事のスキルアップにもつなげています。

また、韓国をよく知らない人にもっとその魅力を知ってほしくて、実際に韓国で購入した韓国コスメのレビューやメイクテクなどについてインスタライブでやっているうちに、フォロワーさんがどんどん増え、「Georgeさんの韓国メイクを試したら、前より可愛くなれました！」「メイクが楽しくなりました」なんてうれしいお声をいただけるようにもなりました。韓国在住のお友達も増え、そして今回は、念願だった韓国メイクの書籍を出版できるまでに！

〝韓国が好き〟という気持ちを原動力に積み上げてきた私の韓国のコスメやメイクの知識で、誰かを喜ばせることができる。なんて幸せなんだろうと思います。今回、この本には私の韓国愛をたっぷり詰め込みました。誰でも、何歳になったとしても、キレイをアップデートすることはできます。私は韓国にどっぷりハマったこの17年間で、それが可能だと知りました。

最後に、この本を最後まで読んでくださった皆さまに心からの感謝を！

ヘアメイクアップアーティスト

George

Georgeから読者の皆さまに感謝を込めて

SPECIAL PRESENT

本書ご購入者で応募してくださった方の中から、抽選で
素敵なプレゼントが当たります。ご応募お待ちしています。

Georgeプロデュース「Joliyen」のリップセラム

8名さま

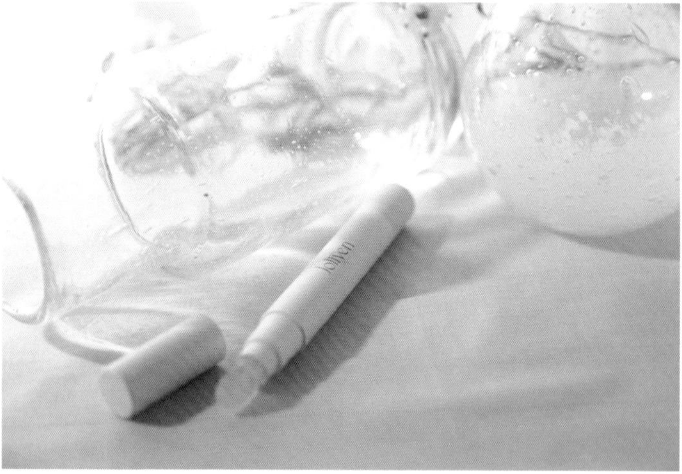

Georgeプロデュースのコスメブランド「Joliyen（ジョリエン）」より「バランシングリップセラム」（4.0g ¥3,520）を8名さまにプレゼントします。リップベースにもなるリップセラムで、唇に負担をかけず優しく角質を除去できる特殊なアプリケーターが搭載されています。高麗人参、ざくろ、イチゴなどのエキスとマカダミアオイル、オリーブオイル、ローズヒップオイルなどの保湿成分がたっぷり含まれていて、トリートメント効果も抜群です！

私、Georgeがあなたに直接ヘアメイクします

4名さま

私のヘアメイクで
韓国美女に変身しませんか?

本書の発売を記念して、特別に私Georgeが4名さまにヘアメイクをします。韓国メイクが好きな人、韓国メイクに挑戦したい人、メイクが苦手で克服したい人などなど、応募をお待ちしております。

オンラインで直接メイクのお悩み相談にのります

6名さま

GeorgeがZoomにて6名さまのメイクのお悩み相談にのります。ふだんのメイクで気になっていること、メイクで克服したいこと、韓国メイクのポイントなどなど、一緒に楽しく美容トークをしませんか? 時間はおひとり20分とさせていただきます。

【応募要項】

応募締め切り　2023年6月16日(金)23:59

詳しくはこちらから▶

応募方法、注意事項などの詳細は上記のQRコードよりご確認をお願いします。

p.002

すべて スタイリスト私物

p.033

ニット 33,000円／EAUSEENON（SUSU PRESS）

p.071

ワンピース 22,000円／ACYM 手に巻いたネックレス（ブレスレットとセット） 3,410円／GOLDY

p.007

ニット 3,950円／hyphen dot question デニムパンツ 12,100円／ACYM ピアス 2,090円／GOLDY

p.093

トップス付きワンピース 11,000円／Treat urself（トリート ユアセルフ ルミネエスト新宿店）

p.095

チェックワンピース 19,800円／POPPY（ポピー 原宿） ブレスレット 11,000円、リング 各6,050円／以上Mikshimai（SHOWROOM CHRMR）

p.103

トップス12,100円／AMAIL パールネックレス 13,200円／DEEPBROW（SHOWROOM CHRMR） リング（2個セット） 1,980円／GOLDY

※掲載されている衣装、コスメなどの商品はすべて税込み価格です。※表記のないものはGeorgeもしくはスタイリストの私物です。
※掲載情報は2023年2月時点のもので、生産・販売状況などは変更となっている場合があります。

SHOP LIST

Abib Official Qoo10店
https://www.qoo10.jp/shop/abibcosmetic

ABRC 韓国公式 Qoo10店
https://www.qoo10.jp/shop/abrc

ACYM　www.acym.jp

AK BEAUTY OFFICIAL Qoo10店
https://www.qoo10.jp/shop/akbeauty

AMAIL　www.amail.tokyo/

アミューズ　https://www.qoo10.jp/shop/amuse

アンシブラシ　080-4656-1015

アンリシア/リデュア 公式 Qoo10店
https://www.qoo10.jp/shop/unleashia

Anua 公式 Qoo10店　https://www.qoo10.jp/shop/anua

Ariul_Official 公式 Qoo10店
https://www.qoo10.jp/shop/ariulofficial

Aromatica_Official Qoo10店
https://www.qoo10.jp/shop/aromatica_jp

ビープレーン韓国公式 Qoo10店
https://www.qoo10.jp/shop/beplain

Bling Glow(ブリンググロウ)
https://www.qoo10.jp/gmkt.inc/Special/Special.
aspx?sid=214759&banner_no=0

CellFusionC_公式 Qoo10店
https://www.qoo10.jp/shop/CellFusionC

centellian24official Qoo10店
https://www.qoo10.jp/shop/centellian24_official

クリオ　https://cliocosmetic.jp

CLUB CLIO 公式 Qoo10店
https://www.qoo10.jp/shop/clubclio

COSRX Official Qoo10店
https://www.qoo10.jp/shop/cosrx

d'Alba　https://dalba.co.kr/

Dinto cosmetic 公式 Qoo10店
https://www.qoo10.jp/shop/dintoo

ディアエー　https://www.deara.jp/

ドクターエルシア　https://doctoralthea.jp/

espoir-OfficialJapan Qoo10店
https://www.qoo10.jp/shop/espoir-official

フリン　https://fiynn.jp/

fwee 韓国公式ショップ Qoo10店
https://www.qoo10.jp/shop/fwee

GIVERNY 公式ストア Qoo10店
https://www.qoo10.jp/shop/giverny

GOLDY　0120-390-705

HERA　https://www.apgroup.com/jp/ja/brands/hera.html

hince カスタマーセンター　050-5357-3311

hyphen dot question　03-5364-9914

イニスフリー お客様相談室　0800-800-8969

ISOI 公式ショップ Qoo10店
https://www.qoo10.jp/shop/isoi

ジューストゥークレンズ
https://www.qoo10.jp/shop/juicetocleanse

韓国高麗人参社　03-6279-3606

KUNDAL_OFFICIAL Qoo10店
https://www.qoo10.jp/shop/kundal_official

ラゴム公式ストア Qoo10店
https://www.qoo10.jp/shop/LAGOM

ラカ　https://www.qoo10.jp/shop/lakaofficial

LAVIEN JAPAN　03-6280-5766

魔女工場　https://manyocosme.jp/

MAROCELL JAPAN　03-6804-1555

メディキューブ　https://themedicube.jp/

メディヒール公式 Qoo10店
https://www.qoo10.jp/shop/mediheal_official

MIGUHARA OFFICIAL Qoo10店
https://www.qoo10.jp/shop/miguharajp

MILK TOUCH　03-5413-3330

ミシャジャパン　0120-348-154

MJUK　https://mjuk2japan.imweb.me/

森光　03-6432-9112

MUZIGAE MANSION 公式 Qoo10店
https://www.qoo10.jp/shop/muzigae-mansion

ナンバーズイン韓国公式 Qoo10店
https://www.qoo10.jp/shop/numbuzin

Oliveyoung_Official Qoo10店
https://www.qoo10.jp/shop/oliveyoung_official

ペリペラ　https://www.peripera.jp

PLAZA カスタマーサービス室　0120-941-123

ポピー 原宿　03-4363-8569

REJURAN_OFFICIAL Qoo10店
https://www.qoo10.jp/shop/luluhana

ロダム、ロダム韓方クリニック
http://shop2.rodamjp.cafe24.com/

rulidia 公式 Qoo10店　https://www.qoo10.jp/shop/rulidia

シーズマーケット　info@seedsmarket.net

SERENDI BEAUTY JAPAN　03-6804-2728

SHOWROOM CHRMR　03-6384-5182

スアドール「Okhee」シリーズ
https://www.qoo10.jp/g/880133120

STYLENANDA 原宿店　03-6721-1612

サン・スマイル　03-3505-4430

SUSU PRESS　03-6821-7739

the SAEM あべのキューズモール店　06-6556-9239

TIRTIR　03-5937-0347

too cool for school 公式 Qoo10店
https://www.qoo10.jp/shop/toocoolforschool

トリート ユアセルフ ルミネエスト新宿店　080-7539-0051

URIID 公式 Qoo10店　https://www.qoo10.jp/shop/uriid

VT COSMETICS　03-6709-9296

ヘアメイクアップアーティスト

George

韓国通で知られる人気のヘアメイクアップアーティスト。住田美容専門学校卒業後にhair&make vivoに入社し、美容師として勤務。その後、師匠のもとで経験を重ねて独立。テレビ・雑誌・広告などの現場を経てフリーランスとしてデビューした。以降、雑誌や広告、写真集など、幅広い分野で活躍し、女優やモデル、アーティストからのオファーが絶えない。韓国を何度も訪れて会得した韓国メイク、韓国美容の知識は群を抜き、現在もなお日々研究、更新中。著書に『ナチュラルなのに肌がキレイに見える Georgeの透けツヤ肌メイク』（インプレス）がある。

STAFF

撮影／小川健（人物）、上田佑輝（静物）、
佐山裕子（静物／主婦の友社）
モデル／新野尾七奈
スタイリスト／内藤美由貴
デザイン／山口さなえ
構成・取材・文／中川知春
現地コーディネート・翻訳／韓麻木
現地協力／JA-KYUNG JUNG
編集担当／小川唯（主婦の友社）

ALL《オール》韓国《かんこく》コスメでつくる
韓国《かんこく》メイクの秘密《ひみつ》

令和5年4月20日　第1刷発行

著　者　George《ジョージ》
発行者　平野健一
発行所　株式会社主婦の友社
〒141-0021
東京都品川区上大崎 3-1-1 目黒セントラルスクエア
電話 03-5280-7537（編集）03-5280-7551（販売）
印刷所　大日本印刷株式会社

ISBN978-4-07-453569-9

■本書の内容に関するお問い合わせ、また、印刷・製本など製造上の不良がございましたら、主婦の友社（電話 03-5280-7537）にご連絡ください。
■主婦の友社が発行する書籍・ムックのご注文は、お近くの書店か主婦の友社コールセンター（電話 0120-916-892）まで。
＊お問い合わせ受付時間　月～金（祝日を除く）9:30 ～ 17:30
主婦の友社ホームページ　https://shufunotomo.co.jp/